정정당당 正正堂堂 대한민국

정정당당正正堂堂 대한민국

초판 1쇄 발행 | 2021. 11. 22

펴낸이 한반도선진화재단
등록   2007년 5월 23일 제2007-000088호
전화   (02) 2275-8391-2
팩스   (02) 2266-2795
홈페이지 www.hansun.org

값은 표지에 있습니다.
ISBN 978-89-93093-37-7 00300

정정당당 正正堂堂 대한민국

한반도선진화재단 편

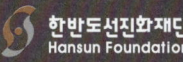
한반도선진화재단
Hansun Foundation

| 서 문 |

박재완 (한반도선진화재단 이사장)

제20대 대통령을 뽑는 선거가 넉 달 앞으로 성큼 다가왔다. 국운의 변곡점에 들어설 차기 정부의 역사적 소명은 참으로 중차대하다. 자유와 기회가 넘치고 공동체 가치가 존중되는 문명국가로 도약해야 한다. 지금처럼 철 지난 이념이 건전한 상식, 검증된 과학과 보편적인 규범을 뒤엎고 맹위를 떨치는 교조적이고 강퍅한 국정에 마침표를 찍어야 한다.

실종된 견제와 균형을 복원하고, 훼손된 자유민주적 기본질서를 다시 세워야 한다. 당리당략의 복선이 깔린 소모적인 정쟁에서 벗어나 양방향의 협치를 정착시키고 국민통합을 달성해야 한다. 문명사회의 가치와 동떨어진 대중국 굴종, 종족주의에 기댄 반일감정 유발, 명분도 실속도 없는 '우리 민족끼리'의 허딜한 대북 짝사랑을 청산해야 한다. 편 가르기를 겨냥한 '억강부약(抑强扶弱)'의 포퓰리즘과 대중요법의 약진에 제동을 걸어야 한다. 20세기에 이미 실패로 판명된 국가·집단주의의 부활을 경계하고 '보모(保姆)국가'의 환상을 깨뜨려야 한다. 이른바 '내로남불'과 각자도생(各自圖生), 팽배한 남 탓과 제도 탓에 맞서 자율과 책임이 선순환하도록 공민 의식도 북돋아야 한다.

이처럼 막중한 과업을 완수하려면, 애국애민(愛國愛民)의 열정만으로는 부족하다. 유권자의 '합리적 무관심'과 '불합리한 편견'을 이겨낼 혜안, 중도의 도량(度量)과 실용의 슬기를 두루 갖추어야 한다. 탁상공론을 지양하고 현장에 뿌리내린 '질서 있는 변화'를 도모해야 한다.

《정정당당(正正當當) 대한민국》은 그런 맥락에서 차기 정부가 추진할 핵심 정책 과제를 집대성했다. 2020년 1월 한반도선진화재단이 펴낸 《대한민국 선진화의 길》을 벼린 축소 증보판 격이다. 집필에 참여한 한선재단 연구회장단의 노고에 감사드린다. 재단의 조영기 선진통일연구회장과 이용환 사무총장의 헌신도 빼놓을 수 없다. 《정정당당(正正當當) 대한민국》이 다가올 5년 동안 대한민국의 나침반이 되기를 기대한다.

목 차

서문 박재완 (한반도선진화재단 이사장) • 4

국정철학으로서의 공동체자유주의 • 20

제1대 전략

자유민주주의와 협치

1대 정책 : 자유민주주의 복원과 정의로운 사법체계 **12 과제**

① 자유민주주의를 위협하는 법제 정비 • 30
② 홍익인간 교육이념을 시대에 맞게 구현 • 31
③ 능력에 따라 균등하게 교육받을 수 있는 환경 조성 • 32
④ 사립학교 운영의 자율성 보장 • 33
⑤ '5·18 역사 왜곡 처벌법' 및 '5·18 유공자법' 재개정 • 36
⑥ 표현의 자유를 억압하는 남북관계발전법의 원상회복 • 37
⑦ 언론의 자유를 침해하는 언론중재법 개정 중지 • 38
⑧ 법치 정립 • 40
⑨ 법치 행정의 정상화 • 42
⑩ 국민 중심의 사법개혁 • 43
⑪ 고위공직자범죄수사처 설치 및 운영에 관한 법률 폐기 • 44
⑫ 선거사범 재판 기한 준수 • 45

2대 정책 : 양방향 협치와 작은 정부 `9 과제`

- ⑬ 정당이 주도하는 대선 캠프 운영 • 47
- ⑭ 공약 사전등록제 도입으로 정책 선거 유도 • 48
- ⑮ 선거법 개정은 여야합의 관행을 준수 • 49
- ⑯ 청와대 조직 축소와 운영혁신 • 50
- ⑰ 헌법정신에 부응한 적재적소 인사 • 51
- ⑱ 전문가 중심의 독립행정위원회 신설 • 53
- ⑲ AI 혁명과 포스트 코로나를 대비하는 혁신행정생태계 구축 • 54
- ⑳ 문명 전환기에 상응하는 국가인재 관리제도 혁신 • 56
- ㉑ 정부개입 축소와 민간부문 역할 확대 • 57

제2대 전략

가치·자강·공생의 대외관계

3대 정책 : 문명사회와 가치를 공유하는 외교 `4 과제`

- ㉒ 지속가능한 한미동맹의 복원 및 강화 : 국제 질서 재편에 걸맞은 한미동맹 복원 • 62
- ㉓ 신냉전 시대의 한중관계 재설정 : 의연하고 자주적인 한중관계 정립 • 64
- ㉔ 한일 우호관계 및 한미일 3국 협력 복원 • 67
- ㉕ 국제 현안에 대한 관여와 기여 확대 • 68

4대 정책 : 자강과 연대에 기초한 국방 `8 과제`

- ㉖ 국방·안보정책 기조 전환 • 71
- ㉗ 북핵에 대한 적극적 대비태세 완비 • 75
- ㉘ 북한의 수도권 기습공격에 철저히 대비 • 77
- ㉙ 북핵 제거 시까지 전시작전통제권 환수 중단 • 78

㉚ 국방개혁의 실효성 제고 • 80
㉛ 국방획득·국방전력 지원체계 혁신 • 81
㉜ 미래전에 대비한 군 구조개편 • 84
㉝ 미래전에 대비한 군 인력구조 개편 : 전문병사제 도입 • 89

5대 정책 : 북한의 자생적 정상화 유도와 신(新)통일 추구　4 과제

㉞ 북한 정상화를 위한 대북정책 • 93
㉟ 북한 정상화와 한반도 부흥 프로젝트 • 95
㊱ 양방향 사회문화 교류를 통한 동질성 회복 • 100
㊲ 적극적 통일정책 채택 • 103

제3대 전략

민간이 이끄는 활기찬 선진경제

6대 정책 : 자유롭고 기회가 넘치는 상생의 시장경제　24 과제

㊳ 선진경제 기반 구축과 확장 • 111
㊴ 새로운 경제 질서와 형태에 대비 • 112
㊵ 기업 구조조정의 촉진 • 114
㊶ 국민연금의 기업경영 개입 최소화 • 116
㊷ 기업정책의 기조 전환 • 118
㊸ 세계 시장에서 경쟁할 수 있는 기업 생태계 조성 • 121
㊹ 기업 리쇼어링 활성화 • 122
㊺ 100년 기업을 육성하는 가업승계 활성화 • 126
㊻ 자본시장의 자율성 강화로 기업경영권 보호 • 128
㊼ 증권거래소 경쟁시스템 도입 • 129
㊽ 법인세 부담을 낮춰 기업의 국제경쟁력 제고 • 131
㊾ 상속세 인하와 목적세의 통폐합 • 133

(50) 부동산세제의 합리적 개편 • 135
(51) 미래세제 도입에 대비 • 138
(52) 지속 가능한 에너지 공급기반 구축 • 140
(53) 시장원리에 따른 에너지 가격 현실화 • 142
(54) 에너지 기반 파괴행위 중단과 원전산업 정상화 • 143
(55) 4차 산업혁명과 디지털 시대를 선도하는 노동법 개혁 • 145
(56) 유연한 고용시스템 도입 • 147
(57) 유연하고 다양한 근무방식 실현 • 150
(58) 직무성과 중심의 임금체계 개편 및 개인 맞춤형 근로계약법 제정 • 152
(59) 노사 간 힘의 균형 회복과 상생의 선진 노사관계 구축 • 154
(60) 기업 및 노동조합의 사회적 책임 강화 • 155
(61) 경제사회노동위원회 쇄신 • 157

7대 정책 : 끊임없이 혁신하는 과학기술 강국 6 과제

(62) 선도형 혁신생태계 구축 • 159
(63) 미래전략산업 육성 • 161
(64) 포스트 코로나 시대 대응 및 디지털 전환 혁신 동력 확보 • 163
(65) 과학기술의 공공책무성 강화와 사회적 기여 확대 • 164
(66) 지역혁신생태계 거점 구축 • 166
(67) 혁신주도형 과학기술 행정체계 확립 • 167

8대 정책 : 새로운 국제경제질서 연착륙과 선도 7 과제

(68) 블록체인 기반의 금융산업 육성 • 170
(69) 글로벌 공급망 변화에 적극 대응 • 172
(70) ESG 경영과 에너지·기후위기 대응 • 173
(71) 녹색 기술의 국제표준화 선도 • 174
(72) 초록사회 구현과 에너지 섬 극복 • 176
(73) 기후변화 대응 역량 강화와 에너지 소비 절감 • 177
(74) 미래산업·기술 지원 및 혁신생태계 조성 • 179

제4대 전략

조화로운 포용 사회와 국민통합

9대 정책 : 학습 - 성장 - 고용 - 복지의 선순환 19 과제

- ⑦⑤ 조화로운 포용 사회 구축을 위한 종합사회정책 수립 • 185
- ⑦⑥ 교육개혁을 통한 노동력의 생산성 향상 • 187

◆ 국제경쟁력 향상을 위한 교육개혁
- ⑦⑦ 하이테크 하이터치 학습 혁명 • 190
- ⑦⑧ 미래사회 변화에 대비한 미래 교육 • 192
- ⑦⑨ 대학 자율성 보장의 학문풍토 조성과 교육경쟁력 제고 • 194
- ⑧⓪ 9월 신학기 제도 도입 • 197
- ⑧① 자유민주주의 교육체계 정립 • 199

◆ 다층복지체계 구축으로 복지의 질 향상
- ⑧② 사회발전정책으로 기조 전환 • 201
- ⑧③ 한국형 복지국가의 원칙 • 204
- ⑧④ 국민연금 시스템 개혁 • 207
- ⑧⑤ 민간 사회보험의 활성화 • 209
- ⑧⑥ 부(負)의 소득세 도입 • 210
- ⑧⑦ 기초생활보장형 + 기회보장형 기본소득 도입 • 211
- ⑧⑧ 다층의료보장시스템 구축 • 212
- ⑧⑨ 원격의료 활성화 • 214
- ⑨⓪ 한국형 주거복지 모델 개발 • 215

- ⑨① 청년의 꿈을 실현하기 위한 종합정책 수립과 실행 • 216
- ⑨② 기본소득은 기본감세로, 기초생활보장제도는 기초사회서비스로 • 218
- ⑨③ 청년들의 주거 - 결혼 - 출산의 선순환 구조 유도 • 221

10대 정책 : 문예부흥과 소프트파워 향상 **10 과제**

- ⑨④ 2030 코리아 그랜드 르네상스 (Korea Grand Renaissance: KGR)구현 • 224
- ⑨⑤ 문화창조 역량 극대화 • 225
- ⑨⑥ 문화산업 및 문화재정에 대한 새로운 인식 정립과 제도개선 • 227
- ⑨⑦ 고품격 문화국가로 도약 : 문화산업 5대 강국 • 229
- ⑨⑧ 5대 콘텐츠 강국 전략 및 제도 정비 • 231
- ⑨⑨ 문화교류의 허브 국가화 • 233
- ⑩⑩ 국민의 문화 향유 기회 확산 및 기반 조성 • 234
- ⑩① 문화기반 관광의 고도화·고품격화·고부가가치화 • 236
- ⑩② 글로벌 스포츠 선도국가로 도약 • 238
- ⑩③ 헌법 가치와 문화가치의 연계 • 241

11대 정책 : 품격과 여유를 갖춘 국토개조 **11 과제**

- ⑩④ 품격있는 국토 공간서비스를 위한 정책 기조의 전환 • 244
- ⑩⑤ 사회경제적 변화에 따른 국토·교통 패러다임의 재구조화 • 246
- ⑩⑥ 미래성장동력 창출을 위한 국토 기반 구축 • 247
- ⑩⑦ 교통·물류의 글로벌 경쟁력 강화 • 249
- ⑩⑧ 토지이용의 공공성 제고 • 251
- ⑩⑨ 시장기능을 존중하는 주택정책으로 전환 • 252
- ⑪⑩ 부동산 공시가격 평가의 공정성 확보 • 254
- ⑪① '토지공개념'에 관한 오해와 위험을 경계 • 258
- ⑪② 풍요롭고 더불어 사는 농산어촌 건설 • 260
- ⑪③ 건강하고 안전한 삶을 보장하는 환경 조성 • 261
- ⑪④ 품격있는 향유와 여유로운 국토의 조성 • 262

12대 정책 : 여성 친화적인 양성 평등 **5 과제**

- ⑪⑤ 여성우대에서 양성평등으로 정책 패러다임 변화 • 265
- ⑪⑥ '엄마 연금'을 도입해 출산과 보육 동기 강화 • 267
- ⑪⑦ 생활 동반자 신고제 도입 • 269
- ⑪⑧ 미혼모와 한 부모 가족에 대한 맞춤형 지원 • 271
- ⑪⑨ '육아휴직 아빠 할당제' 도입 • 274

표 목차

〈표 1〉 국가발전 패러다임의 변화 비교 • 24
〈표 2〉 공동체자유주의 관점의 선진통일 이념 • 25
〈표 3〉 '좋은 법률'을 위한 최소한의 조건들 • 41
〈표 4〉 법체계 혁신을 위한 제도 개편(안) • 42
〈표 5〉 수세방어전략과 공세방어전략 비교 • 73
〈표 6〉 북핵 대응 전담 기구 개편(안) • 75
〈표 7〉 현행 국방분야 예산체계 • 82
〈표 8〉 작전부대의 역할 및 편제 • 87
〈표 9〉 각 군의 작전 범위 • 88
〈표 10〉 징병제와 모병제 비교 • 90
〈표 11〉 산업표준의 통합 단계 • 97
〈표 12〉 위상과 협업 및 통합 정도 • 125
〈표 13〉 한국거래소와 ATS의 차이 • 130
〈표 14〉 목적세 현황 및 내역 • 134
〈표 15〉 목적세별 본세 통합 방안 • 134
〈표 16〉 외국의 기간제 사용 기간 비교 • 147
〈표 17〉 외국의 파견제 대상 기간 비교 • 148
〈표 18〉 외국의 화이트칼라 면제제도 • 151
〈표 19〉 '개인맞춤형 근로계약법'의 제정 • 153
〈표 20〉 국가과학기술자문회의와 국가과학기술심의회의 역할 • 167
〈표 21〉 과학기술혁신 컨트롤 타워 설치(안) • 168
〈표 22〉 주요국의 디지털화폐 추진현황 • 170
〈표 23〉 맞춤형 고용의 단계별 접근 방안 • 189
〈표 24〉 현재 복지담당 부서 • 202
〈표 25〉 정부조직 개편(안) • 203
〈표 26〉 기본소득과 기본감세의 비교 • 219
〈표 27〉 기본소득 vs 기초사회서비스 • 220
〈표 28〉 정부의 대출과 지원 • 222
〈표 29〉 시대 변화에 따른 문화공간의 과제 • 235
〈표 30〉 3+1 광역경제권 구상 • 248
〈표 31〉 공시가격 산정 방식 • 254
〈표 32〉 이의신청 및 공시 주체 • 255
〈표 33〉 '감정평가 중립성 법(안)'의 주요 내용 • 256
〈표 34〉 헨리 조지와 조지스트의 주장 비교 • 259

그림 목차

〈그림 1〉 총수명주기체계관리(TLCSM) • 83
〈그림 2〉 작전환경에 부합하는 군 구조(작전부대) • 86
〈그림 3〉 지휘 및 통제(군정/군령권) 행사 개념도 • 88
〈그림 4〉 국민연금기금 지배구조 개혁(안) • 117
〈그림 5〉 황금 사각형 모델 • 186
〈그림 6〉 one-touch 고용정보망 구축(안) • 188
〈그림 7〉 구직자 맞춤형 기본 모형(안) • 189
〈그림 8〉 제4차 재정 재계산에 따른 추계결과 • 207
〈그림 9〉 기초급여와 소득비례급여 분리 시 재정 추계 • 208
〈그림 10〉 다층연금체계의 구축(안) • 211
〈그림 11〉 연도별 연령별 보험진료비 구성비 변화 • 212
〈그림 12〉 공시가격 현실화 로드맵의 모순 • 256
〈그림 13〉 부동산공시가격제도 재설계(안) • 257

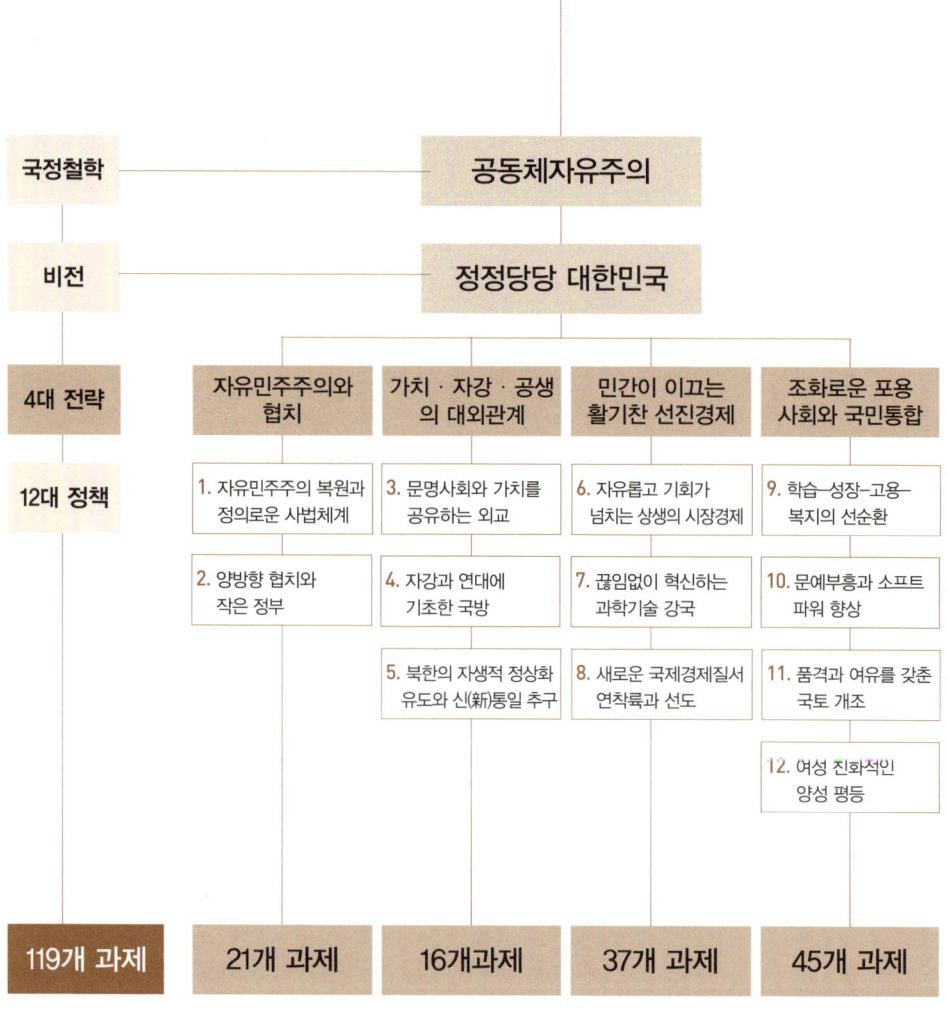

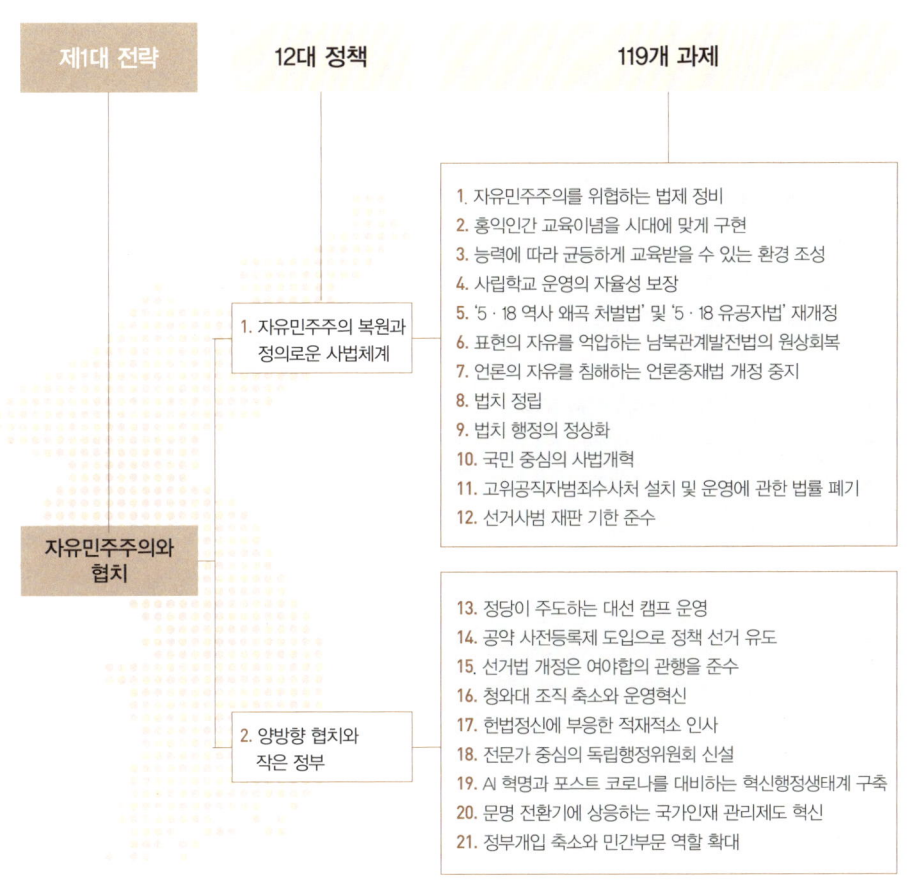

제2대 전략	12대 정책	119개 과제
가치·자강·공생의 대외관계	3. 문명사회와 가치를 공유하는 외교	22. 지속가능한 한미동맹의 복원 및 강화 : 국제 질서 재편에 걸맞은 한미동맹 복원 23. 신냉전 시대의 한중관계 재설정 : 의연하고 자주적인 한중관계 정립 24. 한일 우호관계 및 한미일 3국 협력 복원 25. 국제 현안에 대한 관여와 기여 확대
	4. 자강과 연대에 기초한 국방	26. 국방·안보정책 기조 전환 27. 북핵에 대한 적극적 대비태세 완비 28. 북한의 수도권 기습공격에 철저히 대비 29. 북핵 제거 시까지 전시작전통제권 환수 중단 30. 국방개혁의 실효성 제고 31. 국방획득·국방전력 지원체계 혁신 32. 미래전에 대비한 군 구조개편 33. 미래전에 대비한 군 인력구조 개편 : 전문병사제 도입
	5. 북한의 자생적 정상화 유도와 신(新)통일 추구	34. 북한 정상화를 위한 대북정책 35. 북한 정상화와 한반도 부흥 프로젝트 36. 양방향 사회문화 교류를 통한 동질성 회복 37. 적극적 통일정책 채택

제3대 전략	12대 정책	119개 과제
민간이 이끄는 활기찬 선진경제	6. 자유롭고 기회가 넘치는 상생의 시장경제	38. 선진경제 기반 구축과 확장 39. 새로운 경제 질서와 형태에 대비 40. 기업 구조조정의 촉진 41. 국민연금의 기업경영 개입 최소화 42. 기업정책의 기조 전환 43. 세계 시장에서 경쟁할 수 있는 기업 생태계 조성 44. 기업 리쇼어링 활성화 45. 100년 기업을 육성하는 가업승계 활성화 46. 자본시장의 자율성 강화로 기업경영권 보호 47. 증권거래소 경쟁시스템 도입 48. 법인세 부담을 낮춰 기업의 국제경쟁력 제고 49. 상속세 인하와 목적세의 통폐합 50. 부동산세제의 합리적 개편 51. 미래세제 도입에 대비 52. 지속 가능한 에너지 공급기반 구축 53. 시장원리에 따른 에너지 가격 현실화 54. 에너지 기반 파괴행위 중단과 원전산업 정상화 55. 4차 산업혁명과 디지털 시대를 선도하는 노동법 개혁 56. 유연한 고용시스템 도입 57. 유연하고 다양한 근무방식 실현 58. 직무성과 중심의 임금체계 개편 및 개인 맞춤형 근로계약법 제정 59. 노사 간 힘의 균형 회복과 상생의 선진 노사관계 구축 60. 기업 및 노동조합의 사회적 책임 강화 61. 경제사회노동위원회 쇄신
	7. 끊임없이 혁신하는 과학기술 강국	62. 선도형 혁신생태계 구축 63. 미래전략산업 육성 64. 포스트 코로나 시대 대응 및 디지털 전환 혁신 동력 확보 65. 과학기술의 공공책무성 강화와 사회적 기여 확대 66. 지역혁신생태계 거점 구축 67. 혁신주도형 과학기술 행정체계 확립
	8. 새로운 국제경제질서 연착륙과 선도	68. 블록체인 기반의 금융산업 육성 69. 글로벌 공급망 변화에 적극 대응 70. ESG 경영과 에너지·기후위기 대응 71. 녹색 기술의 국제표준화 선도 72. 초록사회 구현과 에너지 섬 극복 73. 기후변화 대응 역량 강화와 에너지 소비 절감 74. 미래산업·기술 지원 및 혁신생태계 조성

제4대 전략	12대 정책	119개 과제
		75. 조화로운 포용 사회 구축을 위한 종합사회정책 수립
		76. 교육개혁을 통한 노동력의 생산성 향상
		◆ **국제경쟁력 향상을 위한 교육개혁**
		77. 하이테크 하이터치 학습 혁명
		78. 미래사회 변화에 대비한 미래 교육
		79. 대학의 자율성 보장의 학문풍토 조성과 교육경쟁력 제고
		80. 9월 신학기 제도 도입
		81. 자유민주주의 교육체계 정립
	9. 학습–성장–고용–복지의 선순환	◆ **다층복지체계 구축으로 복지의 질 향상**
		82. 사회발전정책으로 기조 전환
		83. 한국형 복지국가의 원칙
		84. 국민연금 시스템 개혁
		85. 민간 사회보험의 활성화
		86. 부(負)의 소득세 도입
		87. 기초생활보장형 + 기회보장형 기본소득 도입
		88. 다층의료보장시스템 구축
		89. 원격의료 활성화
		90. 한국형 주거복지 모델 개발
		91. 청년의 꿈을 실현하기 위한 종합정책 수립과 실행
		92. 기본소득은 기본감세로, 기초생활보장제도는 기초사회 서비스로
		93. 청년들의 주거–결혼–출산의 선순환 구조 유도
조화로운 포용 사회와 국민통합	10. 문예부흥과 소프트 파워 향상	94. 2030 코리아 그랜드 르네상스(Korea Grand Renaissance: KGR)구현
		95. 문화창조 역량 극대화
		96. 문화산업 및 문화재정에 대한 새로운 인식 정립과 제도 개선
		97. 고품격 문화국가로 도약 : 문화산업 5대 강국
		98. 5대 콘텐츠 강국 전략 및 제도 정비
		99. 문화교류의 허브 국가화
		100. 국민의 문화 향유 기회 확산 및 기반 조성
		101. 문화기반 관광의 고도화 · 고품격화 · 고부가가치화
		102. 글로벌 스포츠 선도국가로 도약
		103. 헌법 가치와 문화가치의 연계

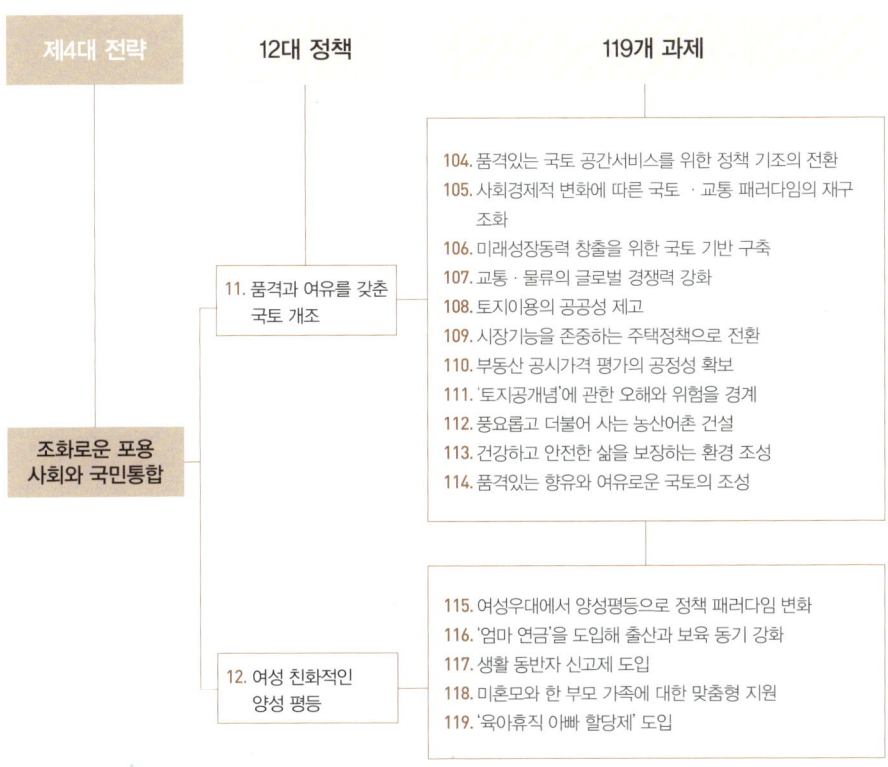

국정철학으로서의
공동체자유주의*

국정철학과 공동체자유주의

■ 국정철학(정신)은 국민을 하나로 묶으면서 국가와 시대를 이끌고 갈 철학(정신)임. 대한민국이 직면한 도전과제를 해결하고 지속 가능한 발전을 이루기 위한 통치 철학은 개인의 자유와 공동체를 소중히 하는 [공동체자유주의]임.

□ [공동체자유주의]는 공동체를 소중히 하는 자유주의임. 자유주의는 개인의 존엄·자유·창의를 중요한 가치로 삼아 인류의 정신적 물질적 발전을 이룬 동력이며, 인간이 자기완성의 길로 나아가도록 하는 원리임. 반면 공동체주의는 인간의 상호의존적 속성에 착안하여 공동체를 건강하게 유지·발전시키는 가치임. 건강한 공동체에서 개인의 존엄과 자유, 창의가 더 잘 구현될 수 있음. 우리가 소중히 간직하여야 할 공동체에는 가족공동체, 학교공동체, 국가(사회)공동체, 역사공동체, 자연(환경)공동체 등이 있음.

---

* 박세일, "공동체자유주의란 무엇인가?", 『공동체자유주의』, 한반도선진화재단, 2015.

□ 인간은 개체적 존재이면서 관계적 공동체적 존재이기 때문에 자유주의와 공동체주의는 상호존중과 보완의 관계임. 개인적 자유주의만 강조하면 소중한 공동체가 붕괴해 많은 문제가 파생됨. 즉 사회공동체 붕괴는 경제적 격차와 차별, 사회적 갈등과 대립, 개인 파편화의 문제를 야기하고, 역사공동체 붕괴는 공동체 연대를 붕괴시키고, 역사와 전통의 단절을 초래함. 또한, 자연공동체의 피폐는 생명 훼손과 환경 파괴로 이어짐. 이런 자유주의의 문제점을 해결하기 위해 공동체주의의 정신인 연대와 사랑, 배려와 나눔이 필요함.

□ 공동체주의는 자유가 상실된 공산주의자들의 집단주의적 공동체가 아니라 자유를 기반으로 하는 자유공동체임. 구성원끼리는 인격에 대한 상호존중과 동지애로, 하위조직(단위)과 상위조직은 끌어주고 밀어주면서 건강한 자유공동체를 가꾸어 나감. 따라서 구성원의 정보공유와 민관-중앙-지방간 협치(governance)가 중요함.

□ 21세기는 세계화와 정보화의 진전으로 인간존재의 관계성이 강화되고 사회경제적 교류와 만남의 영역이 범지구적으로 관계성이 확대됨. 이런 관계성의 확대는 자유주의에 대한 공동체주의적 보완이 필요함을 의미함. 따라서 21세기는 공동체자유주의의 필요성이 더욱 증대되는 세기이며, 공동체자유주의는 21세기의 사회발전 구성 원리로 기능해 국민과 국가가 성공하는 국정철학의 기반이 될 수 있음.

공동체자유주의 관점의
국가적 도전과제

■ 공동체자유주의 관점에서 21세기 대한민국은 3가지의 국가적 도전과제에 직면함. 제1의 도전과제는 발전연대의 행복원리로서 공동체자유주의적 인간관 및 인생관에 입각한 건강한 국가사회로 나아가는 것임, 제2의 도전과제는 국가발전 패러다임의 변화에 맞게 올바른 방향으로 개혁하는 국가 개조이며, 제3의 도전과제는 한반도의 선진통일로 통일한국의 웅비기반을 마련하는 것임.

☐ 제1의 도전과제는 건강한 국가사회의 정착임.

- 발전연대의 국민 행복원리는 경제적으로 풍요롭고 정치적으로 자유로운 것이었으나 이는 '절반의 성공'에 불과함. '절반의 성공'인 까닭은 과도하게 물질을 지향(황금만능)하면서 〈마음의 빈곤〉이 심화하고 확대되었기 때문임. 〈마음의 빈곤〉은 자기 긍정, 자기 존중의 마음이 사라져 가족, 이웃, 기업, 학교, 사회(단체), 국가 등 공동체의 약화나 해체를 유발하는 요인으로 작용함. 특히 〈마음의 빈곤〉이 지도층의 정신적 파산과 도덕적 가치적 권위를 실종시키는 동인으로 작용하면서 선공후사의 정신이 사라지고 애국·애민 의식이 희박해짐.

- 따라서 건강한 국가사회로 나아가기 위해 공동체자유주의적 인간관 및 인생관을 정립하는 것이 과제임. 공동체자유주의적 교육철학으로 홍익인간 교육을 강화하고, 시민사회 차원의 노력도 강화돼야 함.

□ 제2의 도전과제는 문명사적 구조변화에 부응하는 국가발전 비전 제시와 이를 실현하기 위한 세계화·정보화·선진화로의 구조개혁과 국민통합임.

- 국내적으로는 〈건국, 산업화, 민주화〉에서 〈세계화, 지식 정보화〉와 〈인구노령화와 자원 부족〉으로 구조변화가 발생하였고, 대외적으로는 세계정치·경제질서가 〈'탈이념'의 시대〉에서 〈'탈탈이념'의 시대〉로 구조가 전환됨. 세계화·정보화·선진화 시대에 걸맞게 혁신하여 민주주의 3.0의 시대를 열어야 함.
  - 민주주의 1.0: 권위주의 시대의 민주주의,
  - 민주주의 2.0: 민주화 이후 민주주의

- 산업화·근대화·권위주의형 발전철학과 전략을 세계화·정보화·선진화·민주주의 3.0의 신(新)국가 개조 철학으로 개혁하고, 자기혁신과 제도와 의식, 관행의 근원적 개조를 통해 국민통합을 달성함.

<표 1> 국가발전 패러다임의 변화 비교

	산업화 근대화 시대	세계화 선진화 시대
전략	- 정부 주도의 추격형(catch-up) - 수출 대기업 주도의 성장 - 제조업 우선	- 민간주도의 혁신형(innovation driven) - 중소기업과 내부병진의 성장 - 서비스업 주도
정치 행정	- 획일 일방 권위주의 - 중앙집권적 국가 운영	- 주민주권의 서비스행정 - 분권적 국가경영 - 집단이기주의와 포퓰리즘의 대두
외교 안보	- 대미 의존	- 다국주의 - 자주·자강의 외교·안보
교육	- 국·영·수와 암기 위주 - 학교와 교사 등 공급자 위주	- 창의성과 다양성 - 학생과 기업 등 수요자 위주

□ 제3의 도전과제는 선진통일한국의 완성임.

• 한반도의 선진통일은 필연임. 선진통일은 단순히 분단 이전으로 복귀하는 재통일이 아니라 새로운 국가를 창조하는 것임. 근대적 국민국가로 재탄생하여, 동아시아의 분쟁과 갈등의 역사를 평화와 협력의 역사로 전환함.

• 선진통일시대를 견인할 이념과 가치철학을 정립함.

〈표 2〉 공동체자유주의 관점의 선진통일 이념

제1부문의 선진통일 이념	제2부문의 선진통일 이념
-한반도 전체를 선진화할 이념 -민족통합과 국가발전을 위해 공동체자유주의로의 제도개혁 -구성원의 사고와 가치도 공동체자유주의 방향으로 수렴 -북한의 제도는 철저한 자유주의적 개혁 -한국의 제도는 공동체주의를 강화	-동아시아 전체를 선진화할 이념 -통일 한반도가 세계(중심)국가로 지향하기 위한 이념 -동아시아 미래질서를 자유주의적 국제주의로 재편: 호혜 평등의 자주독립국가 지향 -동아시아 공동체 구축: 안보협력체계를 형성해 '열린 지역주의'를 구축

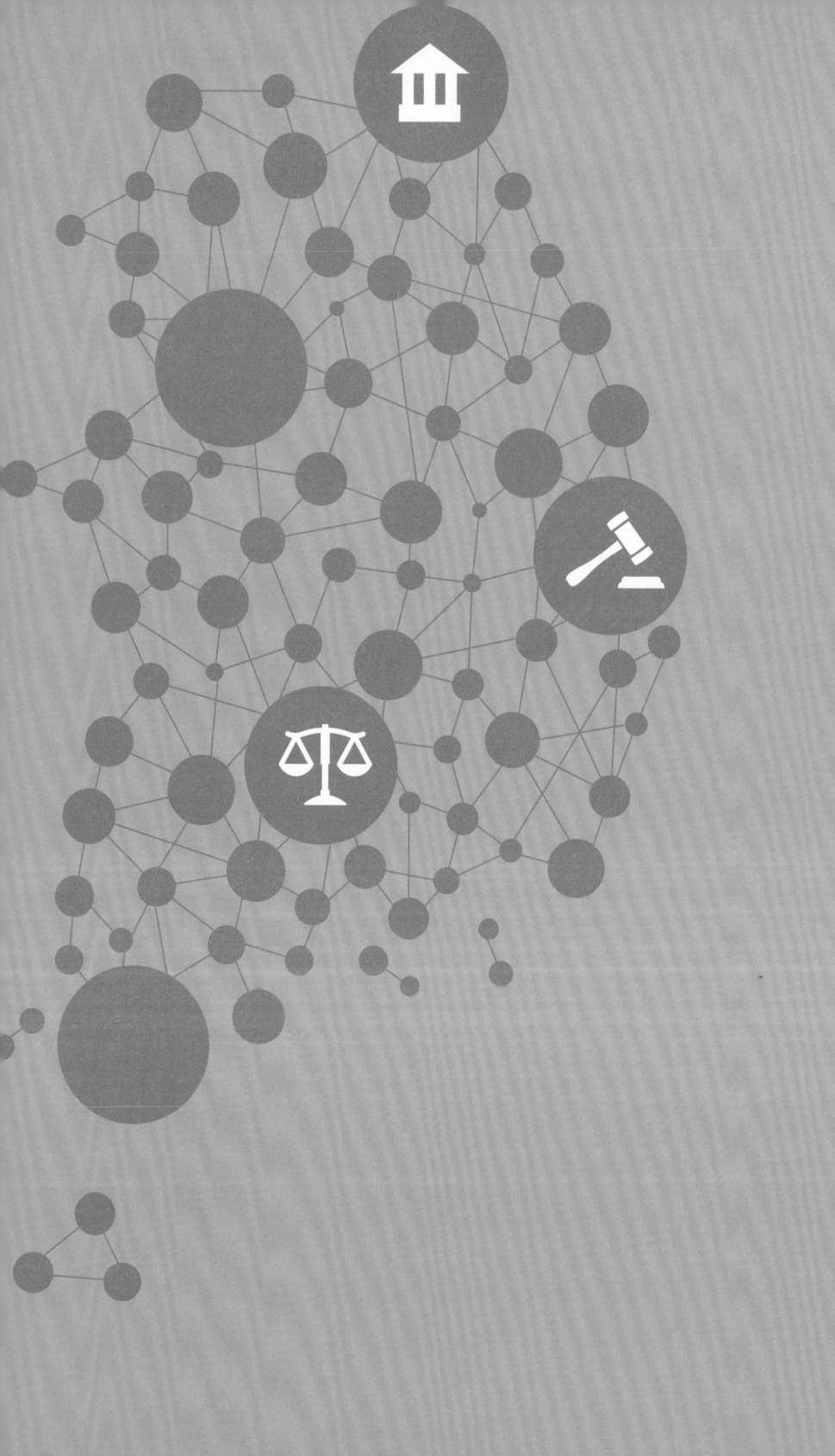

제1대 전략

자유민주주의와 협치

1대 전략	1~2대 정책	21개 과제
자유민주주의와 협치	**〈1대 정책〉** 자유민주주의 복원과 정의로운 사법체계	1. 자유민주주의를 위협하는 법제 정비 2. 홍익인간 교육이념을 시대에 맞게 구현 3. 능력에 따라 균등하게 교육받을 수 있는 환경 조성 4. 사립학교 운영의 자율성 보장 5. '5·18 역사 왜곡 처벌법' 및 '5·18 유공자법' 재개정 6. 표현의 자유를 억압하는 남북관계발전법의 원상회복 7. 언론의 자유를 침해하는 언론중재법 개정 중지 8. 법치 정립 9. 법치 행정의 정상화 10. 국민 중심의 사법개혁 11. 고위공직자범죄수사처 설치 및 운영에 관한 법률 폐기 12. 선거사범 재판 기한 준수
	〈2대 정책〉 양방향 협치와 작은 정부	13. 정당이 주도하는 대선 캠프 운영 14. 공약 사전등록제 도입으로 정책 선거 유도 15. 선거법 개정은 여야합의 관행을 준수 16. 청와대 조직 축소와 운영혁신 17. 헌법정신에 부응한 적재적소 인사 18. 전문가 중심의 독립행정위원회 신설 19. AI 혁명과 포스트 코로나를 대비하는 혁신행정생태계 구축 20. 문명 전환기에 상응하는 국가인재 관리제도 혁신 21. 정부개입 축소와 민간부문 역할 확대

 **1대정책**

자유민주주의 복원과 정의로운 사법체계

대한민국이 지향하는 기본가치는 자유주의, 민주주의, 공화주의, 법치주의 등임. 이 중에서도 자유주의는 최상의 가치임. 그러나 2018년 헌법개정자문위가 만든 헌법 개정안 초안 내용 중 '자유민주주의'에서 '자유'를 삭제하려던 시도가 있었음. 이 시도 이후 우리는 여기저기서 자유와 공화의 가치가 훼손되고 있음을 목도하고 있음. 자유와 공화를 시급히 복원해야 함. 정의로운 사법체계 구축도 절실함. 이는 공정한 행위의 일반준칙으로서의 법이 존중받고 법치가 정립되어야 가능함. 법치가 무너지면 견제와 균형의 원칙이 흔들리고 국가 존립의 기반도 위태로워짐.

1. 자유민주주의를 위협하는 법제 정비

☐ 자유민주주의는 대한민국의 헌법정신으로 지키고 수호하여야 할 가치임. 이때의 자유는 정치적 자유, 경제적 자유, 사상의 자유 등을 포함함.

- 정치적 자유는 재산권의 보호와 법치주의의 확산을 가져옴. 이로 인해 인간의 경제활동이 예측 가능해지고, 권력의 민간 활동에 대한 자의적 개입을 어렵게 하며, 재산권을 보호함으로써 안심하고 경제활동을 영위할 수 있게 됨. 자신의 노력에 상응하는 정당한 대가를 보장받을 수 있기에 투자와 혁신이 뒤따르게 됨.

- 경제적 자유는 시장경제의 발전, 확대와 숙성의 과정을 거쳐 인류가 오랜 가난에서 벗어나 오늘날과 같은 물질적 풍요를 달성하는 원동력이 되었음.

- 사상의 자유는 인간이 중세의 속박에서 벗어나는 한편, 과학 기술의 급속한 발전을 초래한 주춧돌임.

☐ 자유민주주의를 훼손하는 법률을 대대적으로 정비해야 함.

- '국가 정체성에 어긋나는 법률', '사상 및 표현의 자유를 지나치게 제한하는 법률', '자유시장경제질서의 근간을 뒤흔드는 법률', '특정 집단(5·18 유공자 등)에 과도한 혜택을 제공하는 법률', '북한 정상화를 저해하는 법률' 등이 그러한 예임.

2. 홍익인간 교육이념을 시대에 맞게 구현

☐ '홍익인간(弘益人間)'은 '널리 인간 세상을 이롭게 한다'라는 의미를 지닌 교육이념으로 시대와 사회를 초월하여 통하는 인류 보편적 가치임. '홍익인간' 이념을 시대정신으로 구현해야 함.

- '홍익인간' 정신은 단군사상의 핵심이고 대한민국 임시정부 강령에서도 홍익인간이 최고의 공리임을 명시함. 대한민국 헌법 전문은 임시정부의 법통을 계승한다고 밝히고 있으며, 이를 근거로 교육기본법(제2조)에도 '홍익인간'이 명시돼 있음. 따라서 교육기본법을 개정해 '홍익인간'을 삭제하려는 시도는 건국과 헌법 정신을 유린하고 역사를 부정하는 행위임.
  - 일부 의원들이 교육기본법에 규정된 '홍익인간' 교육이념을 '민주시민'으로 바꾸려는 법안을 발의했다가(2021.3.24) 비난과 반발이 거세지자 철회한 바 있음.
  - '민주시민'은 한 사회의 법과 질서, 규범을 잘 지키는 소극적인 차원에 머무름. 그러나 홍익인간 정신은 '세계시민' 정신에 가까우며, 세상에 적극적으로 봉사하는 정신을 담고 있기에 훨씬 차원이 높다고 하겠음.

- '홍익인간' 정신은 인간 중심적이고 미래지향적이며 보편성을 지닌 가치이므로 시대정신으로 구현하도록 연구와 교육을 강화함.
  - 자유, 민주, 공화, 법치 등 헌법 정신과 전통사상의 연계에 관한 연구는 물론 교육현장에서 민주시민의 권리와 의무에 대한 교육을 강화하여 '홍익인간' 정신을 우리 고유의 사상으로 체화시키고 널리 전파함.

3. 능력에 따라 균등하게 교육받을 수 있는 환경 조성

☐ 헌법 31조에 명시된 것처럼, 모든 국민이 능력에 따라 균등하게 교육을 받을 수 있도록 정부는 교육의 자주성 · 전문성 · 정치적 중립성 실현에 노력함.

- 평준화 교육에서 다양성과 수월성 중심 교육으로 전환하여 학교 특성에 따라 창의적 연구와 새로운 시도가 이루어질 수 있는 교육환경을 조성함.
  - 정부규제와 간섭으로 능력에 따른 교육을 받기 어려운 여건에서 제4차산업혁명과 AI혁명에 부응한 인재 양성은 기대하기 어려움.
  - 능력에 따른 교육이 제약되므로 창의성을 기르는 교육이 어려움. 개개인이 스스로 책임지고 자율적으로 문제를 해결해 나가는 시스템을 구축함.

4. 사립학교 운영의 자율성 보장

☐ 정부규제를 줄이고 사립학교의 인사권, 재정권과 운영권을 확대함. 가끔 발생하는 사학 재단의 불미스러운 일을 빌미로 전체 사립학교를 통제하고 간섭해서는 사립학교의 장점을 살릴 수 없음.

• 정부는 사립학교에 대한 재정지원을 이유로 규제를 강화하고 있음. 사립학교법을 개정(2021. 8. 31)하여 사립학교의 자율성을 더욱 억제함.
  - 개정 사립학교법은 사립학교 교원 신규채용 시 교육청에 필기시험 위탁, 사립학교 사무직원에 대한 관할교육청의 징계 요구권 부여, 교과서 선정과 예산 편성 등을 학교운영위원회의 심의사항으로 규정함. 이에 따라 사학은 학생 선발권, 등록금 책정권, 교육과정 편성권에 이어 마지막 남은 인사권마저 제약받는 상황임.

• 사립학교에 대한 규제와 간섭을 완화하여 학교 간 경쟁을 유도하고 교육의 질을 끌어올림. 교육과정과 학교 운영의 자율성을 높여서 학교 단위의 책임경영을 강화함.
  - 사립학교는 다양한 건학이념에 따라 공립학교가 수행하지 못하는 부분을 맡고 있으며, 신속한 의사 결정과 실행으로 시대변화에 부응한 새로운 시도를 할 수 있는 등 장점이 있으나 정부규제로 장점을 발현할 수 없는 상황임.

• 교육의 자율성과 책무성을 높이는 차원에서 사립학교만이라도 학생은 학교 선택권을, 학교는 학생 선택권을 가져야 함.
  - 규제 때문에 공사립학교를 막론하고 학생은 학교를 선택하고, 학교는 학

생을 선택할 수 없음.
- 교육환경이 좋지 않은 학군에 거주하는 학부모는 자녀교육을 위해 좋은 학군에 위장 전입하거나 학원 교육을 선호하는 현상을 초래함.
- 사립학교는 정부를 대신해 2세 교육을 수행하므로 인건비 등의 재정지원은 당연함. 이를 이유로 사립학교를 통제해서는 안 됨. 자유민주 국가에서는 정부가 재정지원을 하더라도 사립학교의 자율성을 존중하고 간섭하지 않음.

해외 사례

- 미국의 주 정부나 지방정부는 사립학교에 대해 일절 간섭하지 않음. 사립학교는 대부분 비영리 기관이지만 영리학교도 인정함. 미국은 공립학교의 부실 교육을 보완하기 위해 협약학교(Charter School)를 지정하여 자율적인 운영을 허용하고 있으며 모든 비용은 지방교육청이 부담함.
- 영국도 아카데미 형태로 신설한 공립학교의 모든 비용은 중앙정부가 부담하지만 완전한 자율 경영을 허용함. 이처럼 공립사영(公立私營) 학교를 늘리는 게 세계 추세임. 즉, 공립 사립을 불문하고 재정지원은 하되 간섭은 않고, 자율 경영의 교육 결과에 대한 책임을 묻는 방식을 채택함.

• 재정지원을 받지 않는 특수목적의 사립학교인 자사고, 외고, 국제고 등 특수목적고를 2025년에 일괄 폐지하기로 한 정책은 백지화해야함.
- 사립학교와 우수학교를 인정하지 않고 모든 학교가 똑같은 교육을 받아야 한다는 평등주의 교육 정책은 4차 산업혁명과 AI혁명시대의 요구에 어긋남. 이는 좋은 사립학교의 토양을 원천적으로 없애는 것임. 해외에서는 미네르바스쿨 등 새로운 시도를 하는 사립학교가 늘고 있음.
- 자사고 재지정 평가를 근거로 각 시도 교육감의 자사고 지정 취소 처분

에 대해 각 학교가 낸 소송에서 10개 학교 모두 승소 판결을 받은 사례를 보더라도 '자사고 폐지' 정책의 무모함과 위험성을 읽을 수 있음.

5. '5·18 역사 왜곡 처벌법' 및 '5·18 유공자법' 재개정

☐ 헌법에 보장된 언론의 자유, 표현의 자유, 사상의 자유는 최대한 보장되어야 함. '5·18민주화운동 등에 관한 특별법'(역사 왜곡 처벌법)을 개정해 표현의 자유를 제한하기보다 상식과 집단지성을 발휘해 5.18정신을 기리고 계승함.

- '역사 왜곡 처벌법'은 5.18 민주화운동이 집회 결사와 표현의 자유를 억압한 정부에 저항한 운동인데, 법으로 표현의 자유를 억압하는 방식은 자가당착이며 5.18정신을 위배함은 물론 과잉입법으로 헌법이 보장하는 표현의 자유와 학문의 자유를 침해할 소지가 큼.

- 현행법으로도 처벌할 수 있으므로 법 제8조(5·18민주화운동에 대한 허위사실 유포 금지)의 아래 벌칙 규정은 삭제하거나 완화해야 함.
  - 신문, 잡지, 방송 등 출판물이나 인터넷, 전시물 또는 공연물의 전시·게시 또는 상영, 토론회, 간담회, 기자회견, 집회, 가두연설 등을 통해 5·18 민주화운동을 비방·왜곡·날조하거나 허위사실을 유포한 자는 5년 이하 징역 또는 5천만 원 이하 벌금형

- '5·18 유공자법'이 유공자에게 채용시험 시 과도한 가점을 부여해 공정성을 훼손한다는 불만이 제기됨.
  - 본인: 10% 가점, 배우자 또는 자녀: 5% 가점
  - 유공자와 자녀에 대한 예우를 적정 수준으로 조정하는 것이 합리적임.
  - 유공자의 신상을 공개해 합당한 예우에 걸맞은 투명성을 확보함.

6. 표현의 자유를 억압하는 남북관계발전법의 원상회복

☐ '표현의 자유'를 침해하고 북한 주민의 인권을 무시하는 결과를 초래하는 남북관계발전법(일명 대북전단살포금지법) 제24조는 삭제해야 함.

- '남북관계발전법'에 의한 대북 전단 금지는 북한의 정보화를 차단함으로써 북한 주민에 대한 사상의 자유를 제한하고 북한의 민주화를 억제함.
  - 대북 전단 금지는 북한 김여정의 대북 전단 살포 비판 성명(2020.6) 발표 하루 뒤 정부(안)으로 발의됨으로써 '김여정 하명법'이라는 오명이 붙었음.
  - 그동안 군사분계선 일대의 북한에 대한 확성기 방송과 대북 전단은 북한 주민에게 자유의 가치와 자유 세계 시민들의 생활상을 알림으로써 외부 정보에 관한 관심을 유발하고 인권의 신장에도 이바지해 왔음.
  - 대북 전단의 제3국 살포까지 금지함으로써 북한 주민들에게 외부정보를 접할 기회를 원천 차단함으로써 인권 탄압을 방치하는 결과를 초래
  - 북한 정보화는 북한 주민들에게 자유·인권·민주에 관한 정신적 지원을 강화하고, 통일과정에서 북한 주민들이 민주 정부를 수립하는 토대가 됨. 북한인권재단을 정상화하고 UN 등 국제인권기구나 인권단체와 긴밀히 협력함.

7. 언론의 자유를 침해하는 언론중재법 개정 중지

☐ 언론 자유의 본질을 침해해 자유민주주의의 기틀을 허무는 언론중재법 개정 작업은 중지해야 함.

- 징벌적 손해배상(제30조②), 기사 열람 차단권(제17조의2), 정정보도 청구권(제17조의3, 제17조의4) 등은 독소조항으로 언론 자유의 본질을 침해함. 현행법으로도 명예훼손 등 오보나 허위보도에 대한 구제가 가능함. 또한, 허위보도의 입증책임(제30조의 3)을 언론사가 지도록 한 내용 역시 과잉입법 과잉규제임.

- 언론중재법 개정은 언론에 대한 통제 방식을 직접 통제에서 간접 통제(민사)로, 정치적 통제에서 경제적 통제로, 외적 통제에서 자발적 통제로 바꿈으로써 정부가 직접 나서지 않으면서도 언론의 자유를 근본적으로 제한함.
  - 언론 자유를 보장하면서 언론의 사회적 책임을 확보하기 위해 언론 스스로 자정 기능을 강화하는 〈통합형 언론자율 규제체제〉를 구축해 언론의 품질을 높이고 신뢰를 회복함.

〈통합형 언론자율 규제기구〉의 역할
- 포털 등 플랫폼 사업자와 유료방송사업자 등도 참여
- 허위 정보에 대한 '기사 열람 차단권'에 대한 실효적인 제재
- 사실 확인에 의한 심의 평가 결과를 이용자와 언론사에 전달
- 기사와 광고로 인한 피해자에 대한 신속한 구제 방안 마련 및 시행

- 언론중재법 개정안에 대해선 국경없는기자회, 유엔 인권최고대표사무소(OHCHR) 등 국제 언론단체까지 언론의 자유를 침해한다는 뜻을 전하면서 반대함.
  - 징벌적 손해배상은 5배의 벌금을 규정함. 당사자의 자율적 협의나 법원 판결에 따르던 것을 법에 구체화함은 물론 그 벌금의 산정기준도 민사는 통상 3배 수준인데 5배로 높였음. 벌금의 기준을 손해액과 무관한 매출액(제30조②)을 기준으로 한 것도 명백한 과잉규제임. 규제방식 또한 처분적 규제로 종편이나 주요 언론사를 겨냥한 성격이 강함.
  - '기사 열람 차단 청구권'은 신고를 받는 순간 기사를 게재할 수 없도록 함. 기사의 열람 차단 해지의 여부는 법적 판단에 따라야 하기에 시간이 오래 걸림. 결국, 언론 보도의 시의성 상실로 언론의 감시 기능이 약화하는 결과를 초래함.
  - 지금도 반론권이 있는데, '정정보도 청구권' 강화는 언론의 편집권 축소와 보도행위 위축을 초래할 것임. 정정보도란 언론중재위원회에서 합의되면 기사를 내리거나 정정 보도를 내는 제도임. 보도내용에 대한 다툼이 계속되면 관련 보도가 어려워짐으로써 권력 남용이나 부패에 대한 국민의 알 권리가 침해될 수 있음.
  - 언론의 가장 무서운 적은 자기 검열인데, 이는 예견된 치명적인 위험의 압박 상황에서 나타나는 현상으로 은폐된 외부 검열이 작동하면, 정부의 주요 정책이나 불법행위에 대한 보도를 기피할 것임.

8. 법치 정립[1]

■ 법치가 붕괴하는 원인은 법의 내용이 일부 계층이나 기득권자들의 이익만 반영하거나 공무원의 편의만 고려하면서 민주적 정당성이 결여된 경우, 특정 정치적 이념을 달성하기 위해 추진한 입법, 지나치게 준수하기 어려운 기준을 요구한 법 규정과 법 개정 시기를 놓쳐 현실과 법규의 괴리 등에 기인함. 이밖에 법이 비현실적으로 규정되거나 입법자의 전문성 부족으로 법규 명령이나 행정규칙에 과도하게 위임하는 국회의 입법 행태 등이 있음. 한편 일부 판사의 편향된 이념과 법의 정치화도 법치 붕괴의 한 원인으로 작용함.

☐ 법치 정립은 국민이 지킬 수 있는 법의 제정, 공정한 재판 그리고 시민의 준법의식이 병행되어야 함.
- 법치 정립을 위해 입법의 민주적 정당성이 확보되어야 하며, 위임입법 남용을 방지하고, 공청회 활성화 등 민주적 정당성을 확보함.
- 이익집단과 압력단체의 로비 제도를 도입하고 입법기록을 보존함.
- 입법의 민주적 정당성을 확보하기 위해 입법 공청회의 활성화, 국민과 국회의원 간에 숙의 과정을 통한 공감대 확보, 입법 과정에서 복수위원회 회부제도의 도입과 '전원위원회 제도'를 활성화함.
- '좋은 법률'은 정치적 이해관계와 무관하게 제정되는 법률임. 정치적 이

---

1) 한반도선진화재단, 『법치가 선진화의 길이다』, 한반도선진화재단, 2008

해관계에 따라 제정된 법률은 규범력을 상실하거나 법률의 질을 의심 받기 때문에 불평과 불만이 야기됨. 이런 불평과 불만을 해결하기 위해 입법 평가가 필요함.
- 입법 평가는 법규에 대한 평가 외에 규범의 효과와 질적 향상을 위해 입법자와 입법 과정에 대한 평가도 포함해야 함. 학제와 각 영역 사이의 협력을 강화해 전문화되고 세분된 영역을 최대한 반영하고 입법으로 나타날 폐해를 사전 예방하여 부작용을 최소화 해야함.

〈표 3〉 '좋은 법률'을 위한 최소한의 조건들

실질적 조건	• 이해의 용이성 - 법률 내용을 상세히 규정해 수범자 이해 가능성 제고 - 수범자가 통상 사용하는 언어 및 어법에 맞는 법률 용어 사용 • 입법의 불가피성 - 편의적 입법 금지 • 법질서의 통일성 - 입법 과정부터 전체 법체계 내에서 상호모순이 없도록 제정 • 법규의 명확성 - 수범자가 법률에 대해 최소한의 파악과 예측 가능성을 지녀야 함.
절차적 조건	• 입법 과정의 투명성과 합리성 - 수범자가 입법 과정 또는 절차에 대한 정보를 쉽게 획득하고 참여 기회를 확대해 준법 태도 향상 - 각종 전문가위원회, 공청회, 입법예고 등을 통해 법률안 내용을 미리 알 수 있도록 하여 수범자의 의견을 반영

• 좋은 법률이 제정되려면 입법 절차의 정당성도 강화되어야 함. 입법보고서를 내실화하고, 입법 과정에서 법간 충돌을 방지하며 논리적 정합성을 유지하기 위해 국회 법률안 처리철자를 준수함.

9. 법치 행정의 정상화[2]

☐ 헌법에서 규정하는 법규 명령(대통령령, 총리령, 부령) 형식이 아닌 법규범 효력을 갖는 행정규칙은 전면 재정비해야함.

- 행정재량권 행사의 정합성 확립을 위해 재량 기준을 마련하고 차제에 시대 변화에 부응하는 행정규칙의 혁신을 도모함.
  - 과도한 행정규칙의 암묵적 용인은 행정부 우월주의에 더하여 국가주의 강화로 국회의 기능 약화를 초래하면서 국민의 권리 의무사항이 국회가 제정하는 법률이 아니라 하위 법령에 위임되는 경우가 많아짐.
  - 행정부 역시 법규성이 인정되는 행정규칙을 양산하는 행태를 지속함으로써 법체계를 무너뜨리는 요인으로 작용했음.

☐ 산업화 민주화 시대에서 개인화, 세계화, 다각화, 첨단화 시대의 사회 경제발전에 맞게 법체계를 혁신해야함.

〈표 4〉 법체계 혁신을 위한 제도 개편(안)

법령정비본부 신설	• 국무총리실 산하에 범정부직 법령 정비기구 설치 - 인적 구성: 관계부처, 민간전문가 및 학계 인사 • 법무부, 법제처, 규제개혁 관련 업무 총괄 조정
법무부 민사국 신설	• 법령 입안 및 심의기능을 강화
법제처 입법총괄기능 강화	• 입법의 질 향상과 무분별한 의원입법을 통제
법원(법원 행정처)와 법무부의 기능 조정	• 법원의 사법정책 기능을 법무부로 이관 - 법원 행정처는 사법권의 독립과 관련된 인사 및 예산 기능만 수행 - 사법정책 수립에 판사들의 법무부 파견을 위한 조직과 권한의 조정

---

2) 한반도선진화재단, 『법치가 선진화의 길이다』, 한반도선진화재단, 2008

10. 국민 중심의 사법개혁[3]

- □ 사법개혁은 '지연되는 정의는 정의가 아니다'라는 법언과 같이 효율성, 재판 절차와 결과의 중립성, 판사의 이념에 따라 판결이 달라지지 않는 공정성, 사회와 기술발전에 부응한 전문성 그리고 법 집행의 엄정성을 기초로 추진함.
- '국민을 위한 사법', '국민에게 다가가는 사법'의 형사정책을 구현하려면 '국가검찰위원회'를 설치해 '검찰의 정치화'와 '경찰의 정치화'를 차단함.
- 폭증하는 법적 분쟁에 효과적으로 대응하도록 국민사법참여제도의 확대·실질화가 긴요함. 피의자의 방어권을 실질적 보장하는 가운데 양형결정만 남은 사건에는 변호인 입회 하에 신속히 처리하도록 플리바게닝 제도를 도입하고, 각종 재판단계에서도 전문가의 의견 반영을 비롯한 다양한 신속 절차를 도입해야 할 것임.

---

3) 김종민, "사법위기: 진단과 과제", 『한선프리미엄리포트』 제305호, 2019.3.21

11. 고위공직자범죄수사처 설치 및 운영에 관한 법률 폐기

☐ 고위공직자범죄수사처 설치 및 운영에 관한 법률(공수처법)은 전면 재정비하거나 폐지하는 것이 바람직함. 동 법률은 제정 당시부터 위헌성 논란이 있었고 일부 독소조항에 대한 우려가 최근 현실화하고 있음.

- '고위공직자 범죄수사처'를 폐지할 경우 그 대안으로 법무부 산하에 분야별 특별수사기구를 설치함.

- 법률을 폐지하지 않고 개정하는 경우에는 아래의 문제점을 보완함.
  - 공수처는 행정부, 입법부, 사법부 어디에도 소속되지 않는 초헌법기관으로 경찰과 검찰의 수사에 대해서도 이첩 요구를 할 수 있는 권한이 있음(제24조).
  - 공수처장추천위원회(제6조)의 의결정족수는 7인 중 5인(3분의 2 이상)임. 야당 추천위원 2인이 반대해도 동의가 가능한 구조로서 야당의 공수처장 거부권을 무력화함은 물론 정치적 중립성 확보도 기대할 수 없음.
  - 공수처 검사자격 요건(제8조)은 변호사 자격 7년 이상으로 재판, 수사, 조사 실무경력 없이도 임용 가능함. 전문성이 미흡하지만, 특정 이념 및 정치 성향을 띤 사람도 임용될 가능성이 있어 정치적 중립성을 담보할 수 없게 됨.

12. 선거사범 재판기한 준수

▢ 선거소송 지연은 법률에 위반됨. 대법원은 지연되고 있는 선거소송을 정상화하여 4.15 총선 관련 재판을 신속히 종결해야 함. 지연된 정의는 정의가 아니라는 법언을 유념해야 함.

- 선거재판은 소송 제기 이후 180일 안에 끝내야 한다는 공직선거법 제225조 규정은 임의규정이 아니라 강행규정임. 이를 지키지 않는 것은 직무 유기와 고의 지연의 의혹을 초래함.
  - 공직선거법 제225조는 '선거에 관한 소청이나 소송은 다른 쟁송에 우선하여 신속히 결정 또는 재판하여야 하며, 수소(受訴)법원은 소가 제기된 날부터 180일 이내에 처리하여야 한다'라고 규정함. 하지만 제21대 총선에선 제기된 소송이 120건이 넘고 당선인도 90명이 수사를 받고 있으나 1년 6개월이 지난 2022.10월 현재 확정판결이 난 건은 극소수에 불과함.

2대정책

양방향 협치와
작은 정부

정치와 행정의 본분은 국민을 편안하게 하는 안민(安民)임. 다수의 횡포를 경계하고 소수의 의견을 존중하며 합의를 지향하는 양방향 협치를 펼쳐나가야 함. 규제와 간섭은 필요 최소한으로 줄이고 자율, 창의와 책임을 확대하는 방향으로 작은 정부를 구축해 시대 변화는 물론 국민의 기대와 수요에 부응해야 함. 정부가 주도하는 '보모국가' 방식에서 '민간 주도형'으로 전환해야 함.

13. 정당이 주도하는 대선 캠프 운영

□ 대통령 후보의 선거 캠프 운영과 정책개발은 정당이 주도함.

- 정당의 대통령 후보가 결정되면 후보 캠프 인력은 후보 개인 일정을 돕는 정도로 축소하고, 나머지 인력은 당에서 흡수하여 당 주도로 대선 후보의 공약을 구체화하는 정책개발 등 대선 지원팀으로 활용함.

14. 공약 사전등록제 도입으로 정책 선거 유도

☐ 공약 사전등록제를 도입해 포퓰리즘과 날림 공약을 억제하고 정책선거를 유도함.

- 지방선거, 총선, 대선이 실시되는 해에 각 당은 선거 3개월 전에 정당별 공약을 '중앙선거관리위원회'에 등록하고, 공약 이행에 따른 비용추계와 함께 그 재원 마련 방안도 등록하도록 의무화해아 함.

- 공약을 등록한 후에는 수정하지 못하도록 해 정당·후보끼리 공약을 베끼거나 장밋빛 공약을 남발하는 폐단을 차단함.

- '중앙선거관리위원회'는 '공약검증위원회'를 구성하여 각 당의 공약에 대한 비용추계와 재원 마련 방안에 대한 검증보고서를 작성하여 선거 1개월 전에 공표함.

- 독점에 따른 중앙선거관리위원회의 부실 검증을 예방하기 위해 국회 예산정책처도 공약 검증을 병행해 검증의 객관성을 담보함.

15. 선거법 개정은 여야 합의 관행을 준수

☐ 여야합의의 오랜 관행을 준수하면서 아래의 선거제도 개혁을 추진함.

- 건국 후 20대 총선까지는 여야가 합의하여 선거법을 개정했으나, 21대 총선에서는 제1야당의 반대를 무릅쓰고 여당과 군소 야당이 힘을 합쳐 일방적으로 선거법을 개정. 이는 주요 참가자가 반대하는데도 경기 규칙을 편파적으로 정해놓고 경기를 강행한 것과 마찬가지의 불공정을 내포. 22대 총선을 대비해 여야합의로 아래의 선거제도 개혁을 추진할 것임.

- 상향식 공천제도를 활성화하고 능력 있는 정치신인들의 참여 기회를 높이도록 공천제도를 개혁 (다만, 상향식 공천제도와 신인의 기회 확대는 상충하는 문제점을 지님)

- 2019년 당리당략으로 도입된 '준연동형비례대표제'를 폐지하고 권역별 비례대표제를 도입함.
  - '준연동형비례대표제'는 지난 총선에서 실행해본 결과 위성 정당 설립 등 단점이 두드러져 실패한 선거제도였음.
  - 권역별 비례대표제는 소선거구제도의 폐해 극복, 의원 정수의 확대 없이도 국회의 전문성 확보, 비례성 제고, 다양한 대표성 확보 등을 기대할 수 있음.

16. 청와대 조직 축소와 운영혁신

□ 청와대 조직을 대폭 축소하고 청와대는 대통령의 핵심 프로젝트 중심으로 선택과 집중을 강화해야 할 것임.

• 현재 청와대 조직(2020년말 기준)은 역대 최대 규모로 3실장(비서실장, 정책실장, 국가안보실장) 12수석(수석 8, 보좌관 2, 차장 2) 49비서관 체제에 정원 486명, 세출예산 948억 2,700만 원(2020년)인 거대한 조직임. 여기에 경호실까지 포함하면 인력과 예산 규모는 훨씬 늘어남.

• 조직과 예산이 늘어나면 비서실 본연의 업무 외에 다른 업무로 확장하려는 경향을 보임. 현재 청와대 비서실은 조직과 규모가 비대해져 대통령을 보좌하는 본연의 업무를 넘어서 국정의 일상적인 업무와 장관 고유의 인사권까지 관여, 결정, 승인하는 행태를 보임. 이에 따라 내각은 자율과 책임, 창의와 소신이 실종되고 청와대의 심기를 살피고 들러리 역할이나 하고 있다는 평가가 지배적임.

17. 헌법정신에 부응한 적재적소 인사[4]

☐ 대통령은 헌법정신에 따라 국무총리, 각 부처 장관에게 인사권을 실질적으로 위임하여 내각의 국정 책임성을 담보해야 함.

- '인사가 만사'라는 말처럼 대통령의 인사가 국정의 성패를 가름함. 대통령의 제왕적 권한도 인사권에서 나옴. 선거 공신에 대한 관행적인 보은(報恩) 인사가 코드인사와 '블랙리스트' 논란을 초래하고 부실・무능・무책임한 국정 운영을 유발함.
  - 현재 대통령의 인사권 대상인 부처와 기관장은 약 10,630개임.

☐ 현 정부의 고위공직자 인사 5대 원칙과 7대 원칙이 제대로 지켜지지 않은 점을 고려하여 새로운 인사원칙을 수립하고 그 원칙을 지키도록 함.

- 대통령의 임명권이 없는 직위에 대한 인사 검증은 월권이므로 인사 검증의 대상, 규정, 기준, 절차 등을 명확히 규정함. 민정수석실'은 고위공직자의 인사 검증에 국한하고 그 외의 공직자 인사 검증은 '인사혁신처'에서 수행함.

☐ 공공기관의 장과 감사에 대한 대통령 임명권을 명확히 하고 임기를 조정함.

- 공공기관의 장 후보자는 겉으론 '임원추천위원회'가 추천하나 실제는

---

4) 김정일, "행정개혁 기반 구축", 『대한민국 선진화의 길』, 한반도선진화재단, 2020.

청와대 인사수석실이 추천하고 민정수석실의 인사 검증을 통해 선임함. 형식적인 '임원추천위원회의'는 폐지하고, 대통령이 직접 발굴 임명하는 체제로 전환하여 권한과 책임을 명확히 해야 함.

- 공공기관의 업무는 정부 정책을 집행하는 성격이 강하므로 정권교체 시에는 기관장도 교체할 수 있도록 임기를 현행(3년 + 1년)에서 최초 임명 2.5년, 재임명 2.5년으로 조정함. 정부 교체기에 임기 1년 이상 남은 기관장의 경우 재신임 절차를 규정함.
    - 이는 임명권자인 대통령 임기와 일치시키는 제도로서 임기가 남은 기관장 교체 과정에서 사퇴압력 등 잡음을 방지하고, 나아가 공공기관 업무의 연속성과 효율성을 높이는 효과를 기대할 수 있음.

18. 전문가 중심의 독립행정위원회 신설

☐ 백년대계의 장기 시계가 절실한 분야에는 독립행정위원회를 설치해 전문가의 관여와 중재를 활성화하고 정치적 입김에 따른 근시안·땜질 정책을 배제해야 함.

- 에너지, 교육, 재정 등의 분야가 그 대상임.
- 위원 임기를 10년 이상 보장해 전문성과 독립성을 담보함.

19. AI 혁명과 포스트 코로나를 대비하는 혁신 행정생태계 구축

□ AI혁명과 코로나19 이후 문명 전환의 시대에 대응하도록 현재의 큰 정부 대신 국가역량과 행정효율을 높이는 스마트 정부로 나가야 함. 민간에 대한 강압과 규제 대신 탈규제를 통해 민간주도 방향으로 국정 운영의 틀을 바꾸어야 함.

- 정부보다 민간의 역할이 큰 시대인데도 큰 정부를 유지하면서 모든 분야에 규제와 지원을 강화하는 국가 주도 현상은 퇴행적임.

- 산업화 시대의 제도와 규범에서 벗어나지 못한 행정 역시 제4차 산업혁명과 포스트 코로나 시대에 걸맞게 조직, 제도, 행정 전반에 걸친 개혁을 통해 혁신행정 생태계를 정립해야 함.

- 현재의 행정부 조직은 산업화 시대의 골격을 유지하면서 시대 조류에 따라 짜깁기하다 보니 조직간 업무 중복이 많음. 문명의 대전환이 이루어지는 상황에 발맞춰 전면적인 행정부 조직개편을 단행해야 함.
  - 최근 논란이 일었던 여성가족부와 통일부 존치 여부, 교육부 업무 축소 또는 폐지, 감염병 대처가 중요해지는 국면에서 보건과 복지의 기능 분리, 산업진흥정책이 줄어드는 상황에서 산업통상자원부의 조직 축소 및 중소벤처기업부와의 통합 문제 등을 예로 들 수 있음.

- 행정에도 공정경쟁의 바람이 스며들도록 함으로써 공무원 사회에 창의

와 혁신을 유발하고 개방과 경쟁을 촉진함.

- 국가 차원의 기획과 전략을 담당하는 '국가전략원'을 설립하여 국가의 백년대계를 기획하도록 함.
  - 소요 인력은 국무총리실 산하 경제인문사회연구회, 한국연구재단, 국책연구기관 인력의 일부로 충원하고, 국책연구기관의 나머지 인력은 각 부처의 내부 인력으로 흡수하여 부처별 내부 싱크탱크 기능을 수행함.

20. 문명 전환기에 상응하는 국가인재 관리제도 혁신[5]

▢ 학문과 기술의 경계를 허물고 인간의 삶과 사물이 빠른 속도로 연결되는 융·복합 사회, 초연결사회, 시민 주도형 개방사회에 대응해 개방형 인재관리제도를 구축해야할 것임.

- 계급제와 연공서열 중심의 제도를 능력과 성과 중심으로 혁신함.
  - 5급 공개채용제도를 6급으로 전환하고, 6급으로 임용 후 우수인력은 패스트 트랙을 통하여 5급으로 승진시킴으로써 융합형 전문가를 양성함.
  - 한 보직에서 3년 이상 근무하도록 전보를 제한하여 전문 역량을 키우는 ㅗ자형 보직관리제도를 도입함.

> **ㅗ자형 보직관리제도란**
> - 공무원이 입직 후 과장이 되기 전 약 15년 기간 동안 적어도 3개 이상의 부처에서 3년 이상 근무
> - 과장으로 승진 후 한 부처에서 근무하다가 고위공무원단으로 승진
> - 고위공무원단으로 승진하면 다시 부처를 옮겨 복무

---

5) 문명재·이주호, "개방형 국가인재관리제도의 도입과 과제", 『정부개혁』, 한반도선진화재단, 2017.

21. 정부개입 축소와 민간부문 역할 확대

□ 민간부문에 대한 정부개입 축소를 위해 아래 조치를 과감하게 시행해야 할 것임.

- 민영화된 기업의 최고경영자 인선에 정부개입을 차단(POSCO, 국민은행, KT, KT&G 등)함.
- 대통령 해외 순방 시 관행인 대규모 경제사절단 대동은 꼭 필요한 경우에 국한함.
- 새로운 정책 수요에 대응하는 비용을 기업에 전가하는 행위를 금지함.
- 규제나 지원을 매개로 한 정부개입을 줄여서 정책의 투명성을 높여 나감.
- 포지티브 중심의 규제방식을 네거티브 방식으로 전환함.

□ 정부보다 시장이 잘하는 분야는 시장에, 민간부문과 공공부문이 경합하는 분야는 개방과 경쟁 또는 민영화를 통해 공공부문의 규모를 축소하고 생산성을 끌어올림.

- 공공성이 강한 보건, 의료, 교육 부문에 대한 투자 문호를 개방하고 진입 자격의 기준을 완화해 생산성 향상을 도모함.
- 사회기반의 성격이 강한 철도, 항공, 에너지, 도로, 금융, 우편 분야에도 민간 참여 확대와 경쟁을 촉진함으로써 공공부문 구조조정을 유도함.

제2대 전략

가치·자강·공생의
대외관계

2대 전략	3~5대 정책	22~37개 과제
가치·자강·공생의 대외관계	**〈3대 정책〉** 문명사회와 가치를 공유하는 외교	22. 지속가능한 한미동맹의 복원 및 강화 : 국제 질서 재편에 걸맞은 한미동맹 복원 23. 신냉전 시대의 한중관계 재설정 : 의연하고 자주적인 한중관계 정립 24. 한일 우호관계 및 한미일 3국 협력 복원 25. 국제 현안에 대한 관여와 기여 확대
	〈4대 정책〉 자강과 연대에 기초한 국방	26. 국방·안보정책 기조 전환 27. 북핵에 대한 적극적 대비태세 완비 28. 북한의 수도권 기습공격에 철저히 대비 29. 북핵 제거 시까지 전시작전통제권 환수 중단 30. 국방개혁의 실효성 제고 31. 국방획득·국방전력 지원체계 혁신 32. 미래전에 대비한 군 구조개편 33. 미래전에 대비한 군 인력구조 개편 : 전문병사제 도입
	〈5대 정책〉 북한의 자생적 정상화 유도와 신(新)통일 추구	34. 북한 정상화를 위한 대북정책 35. 북한 정상화와 한반도 부흥 프로젝트 36. 양방향 사회문화 교류를 통한 동질성 회복 37. 적극적 통일정책 채택

3대정책

문명사회와 가치를
공유하는 외교[6]

21세기에 들어 문명사회의 보편적 가치와 이념을 중심으로 국제 질서가 재편되고 있음. 따라서 한국 외교의 전략적 방향은 가치와 이념을 공유하는 미국, EU, 일본 등과 함께 가치 중심의 자유민주주의와 국제 질서 재편에 동참하는 것임.

외교정책 기조는 개방적 능동적 선진국형으로 전환하여 국가 위상에 걸맞은 다양한 국제 현안들에 대한 진지한 관심과 적극적 기여로 선진외교체계를 확립함. 또한, 빈곤, 전염병, 기후변화, 테러, 사이버 해킹 등 새로운 안보위기에 공동대응하는 국제공조체계를 강화하여 '더 나은 지구촌 만들기'에 적극적으로 동참함.

---

6) 이용준, "대외정책개혁", 『대한민국선진화의 길』, 한반도선진화재단, 2020.

22. 지속 가능한 한미동맹의 복원 및 강화: 국제 질서 재편에 걸맞은 한미동맹 복원

☐ 미국과 중국 사이의 패권 경쟁은 미국에 대한 중국의 도전이 중단될 때까지 장기간 지속할 것이며, 모든 현안을 흡수할 것임.

- 미중 패권 경쟁은 안보, 경제, 기술, 무역 등 전방위로 전개됨.
  - 미국의 대중 견제를 위한 외교 노선에 전략적 동참
  - 안보는 미국, 경제는 중국(安美經中)이라는 이중적 태도와 친중(親中) 편향의 노선 교정

- 북핵 문제도 미중 패권 경쟁 구도에서 다루어질 것으로 전망되며, 한국 외교의 중대한 현안은 미중 패권 경쟁에 대한 대처임.
  - 미중 경쟁이 치열한 상황에서 북한은 친중 정책으로 선회할 가능성이 큼.
  - 한·미·일의 가치동맹 외교와 국제공조의 대북경제제재를 강화하여 북핵 폐기를 유도함.

☐ 대북정책의 종속변수로 전락한 외교정책과 국방정책의 자율성을 복원해 '당당한 대북정책'으로 기조를 전환함.

- 국제공조를 통해 북핵 폐기와 북한 인권 문제 해결에 적극적으로 개입함.
- 국방태세의 복원과 함께 국방전력을 약화시키는 9·19 남북군사합의를 파기함.
  - 축소된 한미합동군사훈련을 복원하고, 실질적 한미합동군사훈련을 실시하여 방위전력 강화에 주력함.

▫ 미국의 인도·태평양 전략에 능동적으로 참여하고 기본적인 원칙을 공유함으로써 인도·태평양 지역을 정치 경제적 전략적 공간으로 활용함.

- 4자 안보협의체인 쿼드(미국·일본·호주·인도)에 참여하여 공동보조를 맞춤으로써 인도·태평양 중심의 해양안보에 기여함.
  - 인도·태평양의 핵심가치는 인권, 법치, 민주주의 등의 가치에 기반을 둔 다자주의 원칙을 공유하고 해양안보를 보장하는 것임.
  - 한국이 인도·태평양의 국외자에서 벗어나려면 정책적 모호성과 예외적 특수성을 최소화해야 함.
  - 한국의 '일대일로' 참여는 인도·태평양 중심의 해양안보에서 이탈하는 것으로 에너지 및 식량안보를 스스로 포기하는 것과 같음.

- 인도·태평양 지역을 정치 경제적 전략적 공간으로 활용하여 한국의 전략적 공간을 확대함.
  - 인도·태평양 지역을 한국의 교두보로 활용하고, 유럽연합(EU)과 체결한 '포괄적 위기관리협정'을 유럽과의 공조 수단으로 활용
  - 아세안(ASEAN) 지역과 교류를 확대하고 다자차원의 긴밀한 연계를 도모

- 미국의 동아시아 전략의 근간인 한·미·일 3자 협력체제를 복원함.
  - 상주 사드(THAAD) 기지의 즉각 가동과 미사일 방어체세를 추가로 설치하여 북핵 위협에 대비함.
  - 미국의 남중국해 정책에 동참하고 '항행의 자유 작전'에 해군함대가 참여함.

23. 신냉전 시대의 한중관계 재설정: 의연하고 자주적인 한중관계 정립

■ 지난 10여 년 동안 정부는 미국과 중국의 이해관계가 상충하는 현안에서 대부분 중국의 입장을 배려하는 친중국 편향정책을 시행함. 이에 따라서 친중(親中), 친북(親北), 반일(反日) 외교로 미국과의 정책적 괴리가 위험 수준에 도달한 실정임.

▫ 미중 경쟁이 격화되고 새로운 냉전 시대가 도래한 상황에서 과도한 중국 눈치 보기에서 탈피해 자주적 한중관계를 정립하고, 이를 기반으로 훼손된 한미동맹을 복원하며 와해 직전의 한·미·일 3자 협력 체제를 재구축해야 함.

▫ 바람직한 한중관계를 정립하기 위해서는 양국에 영향을 미치는 불변요소와 가변요소를 구분하여 대응함.

• 불변요소는 국가 정체성과 국가안보와 관련된 내용으로 확고한 입장을 견지함.

• 가변요소는 경제교류와 관련된 내용으로 대화와 협력 절충을 통해 해결이 가능함.

• 중국이 가변요소를 앞세워 한국의 정체성과 안보에 압박을 가할 경우를 대비함.
  - 중국에 치우친 글로벌 공급망을 다변화하고 중국에 대한 경제의존도를

점진적으로 축소
- 한국 내 사드 추가배치 및 SM-3 해상요격 미사일 배치

• 중국의 부당한 내정 간섭과 압박에 대해 중견 강국의 위상에 걸맞게 대응함.

□ 미국과 중국 사이에서 눈치를 보는 모호한 입장에서 탈피해 미국 진영의 일원으로 대중국 관계를 재정립함.

• 중국은 북핵 문제를 해결해주고 한반도통일을 위해 필요한 후견국이 아닐까 하는 근거 없는 환상에서 벗어나야 함.
- 중국에 대한 일방적 구애와 굴종 외교를 시급히 종식
- 한국을 중국의 '속방'으로 간주하는 중국의 전통적 시각을 타파하는 것이 한중관계의 장기적 발전을 위해서도 유익

• 한국의 안보 문제에서 중국이 미국의 역할을 대신해 줄 수 없는 현실을 직시하고, 미국 등 가치 동맹국들과 공동보조로 자주외교를 강화해 대중국 관계를 재정립함.
- 대중국 '3불(不) 약속'[7] 폐기
- 중국의 우리의 영공·영해 침해 방지대책 마련

---

7) '3불 약속'이란 정부는 "사드 추가배치를 검토하지 않고, 미국의 미사일방어체계(MD) 구축에 참여하지 않는 것과 한 미 일 3국 간의 안보협력이 3국 간의 군사동맹으로 발전하지 않도록 한다는 것임.

제2대 전략 : 가치·자강·공생의 대외관계

▢ 국제사회와 공조하여 중국의 비상식적 행태의 시정조치에 동참해야 함.

• 사드 배치에 대한 중국의 한한령(限韓令) 조치의 시정 및 해제를 요구함.

• 홍콩, 신장, 위구르 등 중국 내 인권 문제에 적극적으로 의사를 표명함.

• 국제공조의 대북한 경제제재 조치에 대해 중국의 동참을 요구함.

24. 한일 우호관계 및 한미일 3국 협력 복원

■ 미국은 한국과 일본의 동맹을 기초로 한·미·일 안보 협력의 강화를 바라지만, 중국은 한국의 반일 민족주의를 부추겨 한·미·일 안보 협력체제에서 한국을 이탈시키고자 함.

□ 한일관계에서 과거사 문제를 안보·경제문제와 분리하고, 우호적 미래지향적 관계로 전환하여 신(新) '65년 체제'를 구축함.

- 자유민주주의를 바탕으로 한일협력관계 발전을 모색하고 동아시아의 안보 경제 환경, 감염병 문제 등에 공동 대응함.
- 한일 간 과거사 갈등 문제는 민간 원로회의 등을 통해 해법을 논의하고 감정적 반일(反日)민족주의에 기반한 선전 선동을 차단함.

□ 역내 패권 세력으로 부상한 중국에 대한 효과적 협력체계를 구축하기 위해 한·미·일 3자 안보 경제협력체계를 복원하고 그 위상을 격상함.

- 한·미·일 3자 협력체계를 복원해 지소미아(GSOMIA)를 강화함으로써 북핵 문제에 공동대응하고 인도-태평양 전략인 쿼드(QUAD)에 참여함.
- 한·미·일 글로벌 공급체계를 구축하고 한일 자유무역협정(FTA)을 체결하며 환태평양경제동반자협정(TPP)에 참여함.

25. 국제 현안에 대한 관여와 기여 확대

■ 한국의 발전은 국제사회의 지원에 의존했지만, 한국은 타국에 대한 경제지원과 국제적 대의를 위한 희생(유엔 평화유지군 참여 등)에는 소극적임. 이는 한국의 국민 인식이 개도국 수준에서 벗어나지 못한 데에 기인함. 앞으로는 국제적 현안 해결에도 적극적으로 관여하고 동참해야 함.

☐ 국제분쟁 해결을 위한 다국적 평화유지군에 참여하는 등 자기중심적인 외교 기조에서 탈피함.

- 다국적연합군의 참여 규모를 최소한 호주, 뉴질랜드 수준으로 확대하고 참여시 전투부대를 파병해 한반도 유사시 우방국에 파병을 요청할 명분을 축적함.

☐ OECD 평균 수준으로 대외원조를 늘려 국제사회에 대한 기여·공헌 외교를 확대함.

- 조건부 원조와 유상원조의 비중을 줄이고, 조건 없는 무상원조를 확대하며, 우리가 원하는 사업보다 상대국이 원하는 분야에 역점을 두고 지원함.
- 개도국에 대한 공적개발원조(ODA) 자금 조성 및 지원을 확대함.

☐ 에너지 분야의 국제협력과 개도국에 대한 국제지원을 강화함.

- 국방, 외교, 문화교류 및 ODA 사업과 에너지 환경문제의 연계를 강화함.

- 에너지 해상수송의 안전성 확보를 위한 관련 국가와 협력을 강화함.
  - 중국 등 주변국의 공격적인 에너지 확보 경쟁과 에너지 안보의 위협에 적극 대비

- UN의 지속가능발전목표(sustainable development goals)[8]에 적극적으로 동참함.

---

8) 지속가능발전목표란 2015년 UN이 지구상의 극빈곤(하루 1인당 1.25달러 기준) 인구를 2030년까지 없애는 것을 의미한다.

4대정책

자강과 연대에 기초한 국방·안보[9]

국방·안보 정책의 핵심은 자강과 동맹임. 물론 자강이 동맹보다 훨씬 더 중요함. 그러나 건국과 호국의 과정에서 자강능력을 구비할 국력이 없었음. 이런 취약한 국력 때문에 동맹에 기반한 자강 정책이 지속됨. 하지만 선진국 반열에 오른 지금 우리의 국방·안보 전략은 자강에 기반한 동맹으로 정책기조를 전환해야 함. 북핵위협과 미래전에 능동적으로 대비하기 위해 작전기조의 전환, 군인력 및 군구조를 개편해야 함.

---

9) 박휘락, "국방개혁", 『대한민국 선진화의 길』, 한반도선진화재단, 2020.

26. 국방 · 안보정책 기조 전환

■ '자강 중심'의 국방 · 안보 정책 기조로 전환하고, 미래전에 대비한 작전환경을 조성하며 북한군의 공격 역량과 의지를 좌절시키는 공세 방어전략으로 전환해야 함.

☐ 국방 · 안보 정책의 핵심은 자강, 동맹, 균세(均勢)임. 6 · 25 전쟁 이후 한국은 취약한 국력 때문에 '동맹에 기반한 자강' 정책을 지속해 오고 있음. 하지만 국력에 비추어 자강의 토대를 튼튼히 구축해 '자강에 기반한 동맹'으로 기조를 전환함.

• 자강은 어떤 외부 위협과도 싸워 이길 수 있는 국방태세의 완비를 의미하는 것으로 동맹을 소홀히 하여도 된다는 의미가 결코 아님.

☐ 핵 대응과 첨단기술전략 교육을 강화하여 미래전에 대비한 군의 전문성을 강화함.

• 우수한 장교를 양성하고 확보하기 위해 군 간부의 질적 수준과 문제점에 대한 정확한 분석을 거쳐 종합 대책을 마련함.
• 초급장교를 우수한 고급 간부로 양성하도록 교육과 진급 시스템을 정비하고 다양한 혜택을 제공함.
  - 장학금 지급, 안정적인 근무 여건 보장, 적절한 수준의 급여 제공, 직업 만족도 향상, 전역 후 직업 지원 강화 등

- 고급장교를 전쟁 및 작전 기획능력을 갖춘 인재로 육성하기 위해 중령, 대령, 장군으로 진급하는 과정에서 수시 재교육 기회를 제공하고 지원책을 마련함.
- 예비역 장교들이 비전투분야에서 활동할 수 있는 영역의 확대와 구체적인 방안을 마련하고, 현역은 전투와 직접 관련된 영역에 집중적으로 배치함.

> **- 예비역 장교들이 활동할 수 있는 영역 -**
>
> 교육훈련, 사격훈련, 훈련장 관리, 교범 작성, 교리연구,
> 전쟁사 연구 및 분석관, 주둔지 경계, 복지시설 운용, 수송, 정비 분야 등

- 여성 군인의 활용을 확대하고 출산이나 보육 문제를 해결할 방안도 강구함.
- 군의 정치화 현상을 차단하기 위해 군 간부들이 올바른 가치관을 정립하고, 자긍심을 고양함.
  - 청와대가 주도하는 장군 심사제도를 각 군 총장에게 이양
- 군대의 자율은 부여하되 훈련에 전념하도록 전투 지향적 병영문화로 개선하여 국민의 신뢰를 받는 군대로 육성함.

☐ 군의 작전전략 기조를 '수세 방어전략'에서 '공세 방어전략'으로 전환하여 평시와 전시에도 북한군의 침공능력과 의지를 위축시킴.[10]

---

10) 김종하, "미래전 추세 및 한국의 미래작전 환경에 대비한 군 구조 개편 방향", 『국방력 강화를 위한 군 구조 및 인력체제 개편방안』, 한반도선진화재단, 2015.

- 한국군의 작전전략은 전방초소 GOP(general outpost)[11]를 두고 경계하는 형태의 대비태세를 유지해 옴. 하지만 북한은 한국군의 효과적인 방어 작전 수행과 미군의 한반도 증원을 방해하기 위해 공세 전략을 강화함.
  - 북한은 핵 능력을 과시하고 ISBM, SLBM, ABC의 사용 가능성을 내비치고 있음.

- 공세 방어전략을 채택하면 북한군의 공격징후가 뚜렷할 경우 예방적 선제공격이 가능하고, 실제 전쟁상황이 발생하면 준비 및 방어에서 공세 및 안정화를 위한 작전으로 신속히 전환할 수 있음.
  - 북한군이 준전시상태를 선포할 경우 미군의 핵심전력(예: 항공모함) 동원에 차질이 생길 우려가 있음.

〈표 5〉 수세방어전략과 공세방어전략 비교

	수세방어 전략	공세방어 전략
전쟁의 목적	• 적 군사력의 격퇴	• 전후(戰後)안보에 유리한 정치 군사적인 최종상태의 달성
전쟁수행의 공간	• 자국 영토의 전장화 감수 (내륙, 후방지역 포함)	• 전방 및 국경주변 • 적 영토로의 확대, 전화
공세이전을 위한 군사적인 노력	• 시간의 경과에 따른 적 군사력의 약화, 소모를 기다림 • 방어와 반격의 단계적 순차적인 수행	• 공세이전의 조기구현을 위한 여건을 적극적으로 조성 • 방어와 반격을 전쟁초기부터 동시에 수행
전쟁의 기간	• 장기전 수용	• 단기전 추구

자료 : 김종하, "미래전 추세 및 한국의 미래작전 환경에 대비한 군 구조 개편 방향", 『국방력 강화를 위한 군 구조 및 인력체제 개편방안』, 한반도선진화재단, 2015. p. 19.

---

11) GOP는 남방한계선 철책선에서 24시간 경계 근무를 하며 적의 기습에 대비하는 소대 단위 초소임.

▫ 북한의 재래식 무기에 의한 위협과 공격에 대한 방어전략에서 핵 위협과 공격에 대비한 방어전략으로 기조를 변경하고 체제를 재정비해야 함.

- 한미동맹을 바탕으로 확장억제(extended deterrence)를 보장 및 구현하고, 나토의 '핵 공유'를 참조하여 미국의 핵무기를 전진 배치하도록 요구함.

- 전국적 탄도미사일 방어망(BMD, Ballistic Missile Defense)체제를 구축하여 북한의 위협으로부터 안전 보장 및 태세를 갖춤.
  - 상황에 따라 핵 대피소 구축 등 범국민적 대피 조치 강구

- 북한의 핵 공격(징후) 시 북한 수뇌부를 참수할 능력을 구비하고 자체 핵무기 개발 잠재력 강화 및 단기간 개발 가능한 체제를 구축함.

27. 북핵에 대한 적극적 대비태세 완비

■ 북한은 '사실상의 핵보유국이라는 사실'을 인식하고 북한의 핵 위협과 공격 가능성에 대한 적극적 대비태세를 갖추어야 함.

□ 북한과 협상·설득을 통한 핵 폐기의 가능성은 없음을 인식하고, 북한이 핵무기 보유를 장기화 또는 영구화하는 것을 전제로 국가안보 전략을 마련함.

- 북한은 수소폭탄을 포함한 20~60개의 핵무기를 보유한 것으로 추측되며,[12] 화성 15형 발사(2017.11.29.) 직후 핵 무력 완성을 주장함.
- 북한의 핵 위협에 노출된 한국은 존망의 위기에 직면함.
  - 북핵은 주한미군 철수, 한미동맹 철폐, 한미합동군사훈련 반대 등의 위협 수단임.
- 북한의 핵무기 위협에 능동적으로 대응하기 위해 전담기구를 확대 개편하고 인적 구성을 전문화함.

〈표 6〉 북핵 대응 전담 기구 개편(안)

청와대	- '국가안보실'을 '북핵 대응실' 전담기구로 재편
국방부, 외교부, 국정원	- 북핵 대응 전담조직의 증편 또는 창설
대통령 직속의 독립된 전문 조직 설립	- 북한의 핵 위협에 대한 분석과 대응 - 핵 전문가, 국가전략 및 정책전문가, 군인 등으로 조직

---

12) 스웨덴의 스톡홀름평화연구소(SIPRI: Stockholem International Peace Research Institute)의 "군비와 군축 및 국제안보에 관한 2019년 연감(年鑑)"(2019 Yearbook on Armament, Disarmament and International Security)은 북한이 '60개의 핵탄두(核彈頭)'를 보유한 국가로 지정함.

- 한미 국방부 간에 설치된 '억제전략위원회'를 적극적으로 가동하여 북한의 핵무기 사용 또는 위협에 대해 미국이 신속하고 집중적인 동원체제를 가동할 수 있도록 유지하고, 효과적 미사일 방어를 위해 한-미-일의 적극적 협력체제를 구축함.
- 국제공조에 의한 대북경제제재 압박을 강화하여 협상 주도권을 장악하고 북한의 근본적 변화(체제변화 또는 정권교체)를 통해 북핵 폐기를 끌어냄.

☐ 북한의 핵과 미사일 공격에 대비한 미사일 방어망을 구축하기 위해 남북군사합의로 심각하게 훼손된 대북 군사적 억지력을 복원해야 함.

- 대북 군사적 억지력을 복원하기 위해 한미 합동군사훈련, 대북 정찰, 최전방 방어훈련, 대북심리전 등을 재개함.
- 국내 요충지에 패트리어트 PAC-3 배치, 상주 사드기지의 즉각 가동 및 사드 포대 추가 도입, 이지스함에 SM-3 장착 등으로 미사일 방어망을 대폭 확충함.
- 중장기적으로는 독자 핵 무장, 미국 전술핵 반입 등을 검토함.

28. 북한의 수도권 기습공격에 철저히 대비

■ 서울과 수도권을 장악하기 위한 북한의 기습공격을 방어할 대책이 긴요함.

□ 북한이 수도권에 대한 공격을 감행할 최악의 상황에 대비하여 기습에 대한 확고한 대응 인식을 공유하고, 이런 상황에 철저한 대비책을 마련해야 함.

- 북한은 다양한 시나리오로 수도권을 기습해 조기에 장악할 가능성이 있음.
  - 재래식 무기로 수도권을 기습공격 · 장악
  - 핵무기로 위협하면서 수도권을 기습공격 · 장악
  - 핵무기를 사용하거나 위협하면서 기습공격 · 장악

- 북한이 핵무기로 한국의 주요 도시나 주한미군 기지의 타격을 위협하는 시나리오에도 적극 대비함.

- 북한은 핵무기를 한국을 적화흡수 통일하는 유능한 수단으로 악용하는 현실을 인식하고 이에 대한 철저한 대비책을 마련함.
  - 전쟁이 일어날 가능성이 거의 없다는 국민의 안이한 생각을 교정.
  - 한미연합훈련을 정상적으로 할 수 있도록 환경을 조성.

29. 북핵 제거 시까지 전시작전통제권 환수 중단

■ 북한이 핵무기를 사실상 보유한 상황에서 전시작전통제권 환수는 핵 위협을 방치하는 셈임. 북핵 위협이 사라질 때까지 전작권 환수 논의를 중단해야 함.

☐ 전시작전통제권 전환으로 인해 발생할 문제를 충실히 검토함.

- 한국군이 한미연합사령관을 담당할 경우 미군의 한반도 방어책임이 면제됨. 유사시 적극적 지원 가능성과 한미연합사령관, 주한미군사령관, 유엔군사령관이 분리되면 원활한 협조가 이루어지지 않을 가능성 등 다양한 문제가 파생됨.

- 미군이 다른 국가 지휘관의 통제를 받지 않는 '퍼싱 원칙'[13]이 유효한 상황에서 한미연합사령부가 미군 없이 편성될 가능성은 희박함.

- 미군이 한국군 한미연합사령관에게 가용한 미 증원군 목록을 계속 제시하거나 한미연합사령관의 요청을 받아서 증원 시기와 규모를 조정할 가능성이 거의 없기에 증원군의 적시 전개와 효과적 활용을 보장하기 어려움.

- 한국군 한미연합사령관이 다양한 모든 부대들의 작전을 효과적으로 통합할 수 있는 작전능력에 한계가 있음.

---

13) 퍼싱원칙이란 제1차 세계대전 당시 미국의 John J. Pershing 장군이 제시한 원칙으로 미군이 다른 국가 지휘관의 통제를 받지 않는다는 방침을 말함.

- 자주에 초점을 둔 안보 포퓰리즘을 차단함.

□ 전시 작전통제권 환수와 관련해 안보 및 국방전문가 중심의 다양한 견해를 수렴하는 공론화위원회를 설치해 국민 합의를 끌어냄.

- 미군에 대하여 한국군 한미연합사령관이 어떤 형태의 권한을 행사할 것인가에 관한 충분한 사전 논의와 협의가 필요함.
- 한국군 한미연합사령관의 연합 지휘역량을 보장하는 대책을 강구함.

30. 국방개혁의 실효성 제고

■ 국방개혁은 '외부의 군사적 위협과 침략으로부터 '국가 보위'라는 분명한 목표와 시대 변화에 능동적으로 대응할 수 있도록 추진되어야 함.

□ 북핵 위협과 4차 산업혁명 시대에 능동적으로 대응하는 국방개혁이어야 함.

- 북한 핵 위협에 대응하기 위한 '3축 체계'의 조기 확보에 초점을 둠.
- 4차 산업혁명 시대에 다양한 무기와 장비를 획득하는 체제를 구축함
- '적' 개념을 명확히 정립하고 북한 위협의 실체가 북핵이라는 사실을 인정함.
  - 장병들에게 대적관(對敵觀) 교육을 강화하고 이를 기반으로 전투에 준비.
- 국방개혁에 대한 적극적 홍보를 통해 군내에서 공감대를 형성해 전 장병이 국방개혁에 동참하도록 유도함.

31. 국방획득·국방전력 지원체계 혁신[14]

■ 북한의 무기개발에 맞서 우리의 방위력 증강을 즉시 대응체계로 구축함. 미래전에 대비한 무기체계 소요 제기에 관한 각 군의 유기적 협력체계를 구축하여 국방획득과 국방전력 지원체계를 혁신해야 함.

☐ 방위사업 집행의 적시성을 확충하여 방위력을 증강함.

- 북한의 무기개발에 맞서 즉시대응체계를 구축하고, 무기체계의 소요 제기에 관한 각 군의 유기적 협력체계를 구축함.
  - 미래 전쟁에 대한 개념을 정립하고 이에 대비한 타당한 소요를 제기

- 국방부와 합동참모본부는 종합적인 군사력 발전계획을 수립하고 이행해야 함.
  - 무기와 장비 획득 등의 하드웨어와 교리, 구조 및 편성, 간부양성, 인력, 시설 등의 소프트웨어를 구축

☐ 국방예산 소관 부처를 국방부로 일원화하여 통합 관리하고 총수명주기 관리 체제를 구축함.

- 방위력개선비와 전력운영비의 균형을 맞추고 총수명주기 간 예산 흐름과 이력을 효율적으로 연계하여 지출성과를 통합적으로 분석하고 환류

---

14) 김종하, "미래전 추세 및 한국의 미래 작전환경에 대비한 군 구조 개편 방향", 『국방력 강화를 위한 군 구조 및 인력체제 개편방안』, 한반도선진화재단, 2015.

체계를 구축함.

<표 7> 현행 국방분야 예산체계

	방위력 개선	전력 운영
예산과목	방위력개선비	전력운영비(병력 유지+전력 유지)
담당부처	방위사업청	국방부

☐ '총수명주기체계관리'(TLCSM) 기반을 구축하여 방위력의 개선과 전력 운영 단계에서 조직과 예산이 분리·운영됨으로 발생하는 전력 유지비 부족 문제를 해소함.

 - 1안 : 획득조직(방위사업청)과 (육해공)의 군수조직의 물리적 통합
 - 2안 : 업무통합을 통한 예산 통합·운영

• 소요, 획득, 운영유지의 통합관리로 효율성과 효과성을 높여 국방전력을 향상함.
 - 방위사업청 차원의 주(主)장비 위주 획득에 따른 전력화 지원 요소 확보와 유지를 통한 장비 운용 효율성 제고
 - 무기체계의 첨단화에 비례하여 장비 유지비의 증가(평균 3~4배)를 반영.

<그림 1> 총수명주기체계관리(TLCSM)

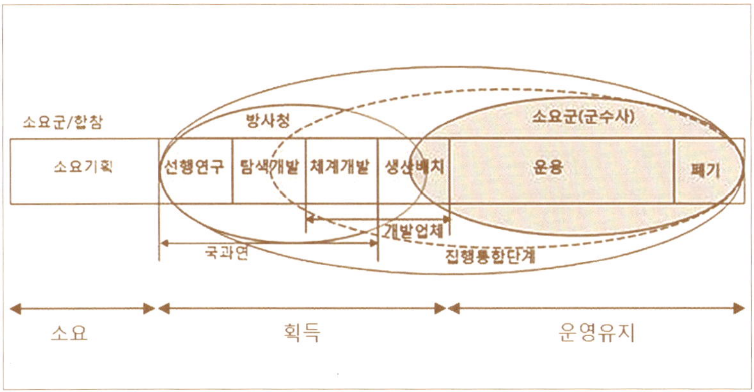

자료 : 김종하, "한국군의 국방획득체계선진화방안", 『국방개혁』, 한반도선진화재단, 2017, p.123.

☐ 각 군이 제기하는 무기체계에 대한 전력화 우선순위의 객관성을 확보할 제도적 장치를 마련함.

- 무기체계의 필요성, '검증 가능성'[전투 시뮬레이션(워 게임), 시연, 시험 등], '달성 가능성(성능, 비용, 일정)'에 관한 검토 결과를 국방중기계획, 중기사업계획서, 예산요구서 등에 명기함.

- 신규사업은 소요군의 작전 운용에 부합하는 전력화 지원 요소의 실소요 등 관련 근거를 제시하고, 예산 과정에 필요한 일정, 비용, 자료들을 공유함.

- 계속사업은 계약 이후 사업 진척 정도와 계약실적, 계약이행 정도 등의 일정, 비용 근거 자료를 제시함.

32. 미래전에 대비한 군 구조개편[15]

■ 미래 전쟁 수행에는 전쟁 수행 속도, 특히 공세작전의 수행 속도가 매우 빨라질 것이며, 그 핵심수단으로 항공력이 부각될 것으로 판단됨.

□ 미래전 수행 방식에 적합하도록 군구조를 개편해야 함.

- 전장 상황을 인식하는 킬 체인(Kill Chain)[16] 시간이 단축되며, 정밀능력 항공기와 정밀유도무기(PGMs)가 항공력의 핵심으로 떠오름.
  - 표적 파괴의 정확성 및 다중목표물 동시 공격능력은 인명 및 부수적 피해 최소화

- 전쟁 초기 공세작전을 통한 적의 군사력 무력화에는 비교적 적은 병력이 소요되지만, 안정화 작전 수행에는 많은 병력이 소요되므로 충분한 병력을 확보하는 것이 필요함.
  - 보병에 의한 소규모 잔당 퇴치 임무가 전쟁의 조기 종식을 위해 필수적
  - 안정화 작전 수행 시 게릴라 혹은 무장테러 집단에 의한 비정규전 수행에 대비

---

15) 김종하, "미래전 추세 및 한국의 미래 작전환경에 대비한 군 구조 개편 방향", 『국방력 강화를 위한 군 구조 및 인력체제 개편방안』, 한반도선진화재단, 2015.

16) 킬 체인이란 정보·감시·정찰(ISR)자산을 통해 표적을 정확히 탐지, 의사결정(C4I)를 통해 정밀유도무기(PGMs)로 정확히 타격하는 것이며, 1991년 걸프전의 경우 수일이 걸렸으나, 1999년 코소보 작전에서는 101분, 2003년 이라크전에서는 45분 정도로 감소했다. 지금은 10~15분 내외로 단축되었다. 그리고 공세작전 수행시 ISR, C4I, PGMs의 활용이 증대되면서 전쟁수행 속도는 지속적으로 단축될 전망임.

☐ 미래전에서 지상군 중심의 거점 방어전략은 실제 전쟁 시 많은 취약점이 노출됨.

- 특정 공간에 고착 또는 집중화된 지상군은 원거리에서부터 식별 표적화된 정밀무기 공격에 매우 취약함. 전쟁 초기 공세작전을 통해 북한 지상군을 조기에 무력화하는 패러다임으로 전환함.
- 전장의 네트워크화가 촉진되어 육·해·공군별 전장 공간의 구분이 모호해짐. 감시·통제·타격의 도달거리의 획기적 증대로 인해 군별 전투력을 통합하고 합동성을 강화하는 방향으로 작전 개념과 조직편성을 혁신함.

☐ 공세·안정화 전략은 실제 전쟁 시 대응이 미흡하고 북한군의 공격징후가 뚜렷할 경우 예방적 선제공격이 필요함.

- 작전전략의 기조를 '수세 방어전략'에서 '공세 방어전략'으로 전환하여 평시와 전시에도 북한의 군사적 침공능력, 의지를 좌절시켜야 함.
- 군 구조는 공세 및 안정화의 전 과정을 군사작전에 효과적으로 반영함. 특히 북한의 심리적 비대칭 전력 활용에 대비한 공세적 심리적 도구를 건설하고 운용함.

☐ 미래전에 대비한 작전부대 개편이 필요함.

- 평시에는 전력증강의 효율성을 극대화하고 유사시에는 각 작전환경에서 전력 발휘의 효율성을 극대화할 수 있도록 작전환경에 부합하는 다양한 수준의 군사력 규모를 판단하여 군 구조를 혁신함.

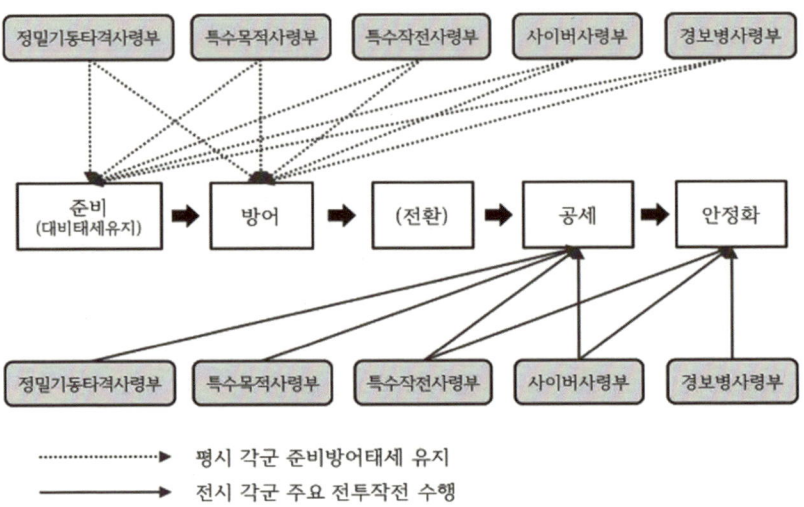

〈그림 2〉 작전환경에 부합하는 군 구조(작전부대)

자료 : 김종하, "미래전 추세 및 한국의 미래 작전환경에 대비한 군 구조 개편 방향", 『국방력 강화를 위한 군 구조 및 인력체제 개편방안』, 한반도선진화재단, 2015, p. 22.

• 작전부대의 역할 및 편제는 다음과 같음.

〈표 8〉 작전부대의 역할 및 편제

작전 부대	역할 및 임무	편제
정밀기동 타격 사령부	• 한국군의 주력부대 - 평시: 군사적 위협을 억제 - 공세작전: 대규모 반격을 통한 북한군의 무력화 • 첨단정보통신기술 및 정밀유도무기 기술을 적용한 고강도 전투작전(공세작전)을 수행	- 4성급 장군 - 전문병사제
특수작전 사령부	• 정밀기동타격사령부의 공세작전 능력을 보완·지원 • 비재래식 비전통적 작전 수행 - 적의 후방침투, 기만 및 심리작전 수행 - 북한정권 충성세력 색출 및 포획 - WMD 시설 포획 및 파괴	- 4성급 장군 - 전문병사제
특수목적 사령부	• 상륙작전을 비롯해 기습, 공수, 유격, 수색 등 다양 한 작전 수행	- 3성급 장군 - 전문병사제
사이버 사령부	• 사이버작전 수행 - 모든 작전 상황에 사이버작전 임무 수행	- 3성급 장군 - 전문병사제
경보병 사령부	• 안정화 및 평화유지 작전 수행 - 평시: 해안 경계 및 방어 - 공세 및 안정화 작전 수행 시 점령지역 안정화작전 수행(특수작전사령부와 공동)	- 4성급 장군 - 징병제
통합군수 사령부	• 정밀기동타격사령부 지원	-

자료: 김종하, "미래전 추세 및 한국의 미래 작전환경에 대비한 군 구조 개편 방향", 『국방력 강화를 위한 군 구조 및 인력체제 개편방안』, 한반도선진화재단, 2015, pp. 21-32.

• 군에 대한 지휘 통제 중 작전부대는 작전환경에 따른 특화된 임무를 수행하고 합참의장의 지휘통제권(군령)을 통한 지휘체계로 일원화함. 작전부대 간 지원 및 보완을 위한 합동작전이 필요하며, 평시 소규모 국지도발에 대한 군령권은 각 사령부 차원에서 행사함.

<표 9> 각 군의 작전 범위

정밀기동타격사령부	-해상 및 공중에서의 위협에 대응
특수목적사령부	-서해도서지역 위협에 대응
경보병사령부	-휴전선 155마일의 위협에 대응
합동참모본부	-전면전과 그에 준하는 대규모 무력충돌 발생 또는 예견 시 대응 -평시에는 대통령 및 국방장관에 대한 군사 자문

<그림 3> 지휘 및 통제(군정/군령권) 행사 개념도

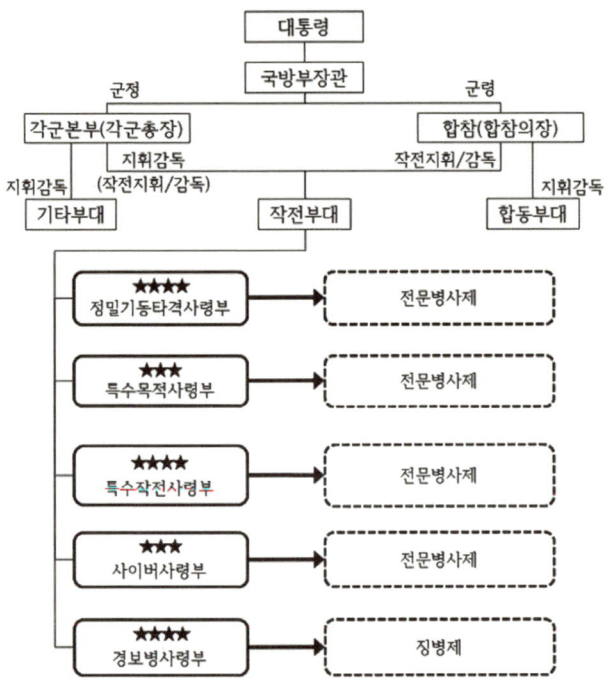

자료 : 김종하, "미래전 추세 및 한국의 미래 작전환경에 대비한 군 구조 개편 방향", 『국방력 강화를 위한 군 구조 및 인력체제 개편방안』, 한반도선진화재단, 2015, p. 30.

33. 미래전에 대비한 군 인력구조 개편: 전문병사제 도입[17]

■ 전문병사제도 도입은 첨단무기체계와 고도의 전문성을 갖춘 정예군 중심으로 미래전 추세에 대비하고, 저출산으로 군 인력자원이 부족해지는 현실에서 국방력을 유지하기 위해 불가피함.

▫ 전문병사제도는 저출산으로 군 인력자원이 부족한 현실을 극복하는 방안임.

- 국방부는 상비병력을 2017년 61.8 만여 명에서 2022년 50 만여 명으로 점차 감축하고, 장교와 부사관은 20만 명, (일반)사병은 30만 명으로 유지할 계획임.[18]
  - 군 인력자원이 부족한 상황에서 (일반)사병의 복무기간도 단축되는 상황임.

- 미래 전략환경, 군사전략, 부대 개편 계획 등과 연계한 상비병력 감축에 대응하기 위해 군 인력구조를 병력집약형에서 첨단무기 기반 기술집약형으로 전환하고, 병력 구조도 병에서 숙련 간부 위주로 정예화함.

---

17) 김종하, "미래전 추세 및 한국의 미래 작전환경에 대비한 군 구조 개편 방향", 『국방력 강화를 위한 군 구조 및 인력체제 개편방안』, 한반도선진화재단, 2015.

18) 국방부, 『2020 국방백서』, p.100.

- 징병제와 모병제의 장단점은 아래와 같음.

<표 10> 징병제와 모병제 비교

	장 점	단 점
징병제	-국민에게 공정한 병역의무 부과 -국민개병제에 따른 병역의 존엄성 확보 -적은 비용으로 병력증강이 용이 -병력의 질과 양, 모든 측면에서 병력 소요 충족이 용이	-병역의무의 형평성 논란 -젊은 노동력 투입에 따른 기회비용 -단기복무로 인한 군 인력의 숙련도와 전문성 미흡
모병제	-인력자원의 효율적 배분 -동기유발 효과가 높음 -병력관리 용이 -숙련병 확보와 전문성 제고 가능 -징병제에 비해 높은 조직몰입도	-군의 사회적 대표성 약화 -인건비 증가로 인한 재정부담 증가 -병력을 즉시 충원하는 데 애로 -유사시 예비전력 확보 곤란

□ 전문병사제 도입은 청년층 감소에 대비하고, 국방력 손실을 최소화

- 징병제에서 모병제로 급작스럽게 전환하면 혼란을 유발할 가능성이 크므로 전문병사제는 군 인사제도의 근본적 개편과 동시에 추진함.
  - 전문병사를 자본집약적 업무에 배치, 사회진출 시에도 좋은 일자리 기회를 제공
  - 전문병사가 군내 우수인력으로 성장할 수 있는 기반 구축(전문병사의 장교, 장군진급 기회 마련)
  - 여성의 취업 기회로 활용

- 근무환경, 경력관리, 병사의 경력설계 모형개발, 숙련형성을 위한 훈련체계 구축 등을 추진해 병사인사체계를 선진화함.

- 국민개병제 원칙 준수, 군 구조개편 및 무기체계의 첨단기술화 추진, 복

무기간 단축으로 인한 부작용 최소화 등으로 국가안보에 대한 우려를 불식함.

▢ 군 인력체계는 징병제(일반병사)와 모병제(전문병사)의 혼합형 체제를 도입하고 군 복무는 국민개병제도의 원칙을 유지함.

- 국방개혁 기본계획의 장기인력 수급계획인 (일반)사병 30만 명 유지원칙을 준수하고, 그 중 전문병사 15만 명, 일반병사 15만 명으로 상비병력을 유지함.
  - 일반병사는 징병제로 모집, 복무기간(육군 기준)은 18개월에서 12개월로 단축
  - 전문병사는 모병제로 모집, 복무기간은 4년 이상이고 의무복무기간 동안 일반병사와 구분

5대정책

북한의 자생적 정상화 유도와 신(新)통일 추구[19]

북한 정상화는 북한이 국제 규범을 준수하고 산업화·민주화를 달성하여 한반도 통일의 기반을 다지는 것임. 한반도 통일은 통일 이후 국민의 삶의 질이 통일 이전보다 향상되어야 함. 따라서 단순히 분단을 종식하는 재통일에 머물지 않고 새로운 국가를 건설하는 신(新)통일로 나아가야 함. 신통일은 북한 정상화와 병행하는 자유민주주의에 기반한 통일을 의미함.

---

19) 조영기, "대북 통일정책", 『대한민국 선진화의 길』, 한반도선진화재단, 2020.

34. 북한 정상화를 위한 대북정책

■ 대북정책의 목표는 분단의 해소와 북한 정상화, 그리고 통일기반 구축임. 대북정책의 기조는 북한이 비정상성을 탈피하여 정상화할 수 있도록 하는 데 초점을 맞춤.

□ 대북정책을 '현상 유지의 소극적 대북정책'에서 '현상 타파의 적극적 대북정책'으로 기조를 변경하여 북한 정상화를 유도함.

- 북한이 개혁과 개방 정책을 적극적으로 추진하도록 관여정책과 확장정책을 일관되게 추진함으로써 북한 정상화를 도모함.
  - 관여정책: 외교, 군사, 경제, 문화교류를 통해 북한 변화를 추동
  - 확장정책: 자유민주주의와 자본주의 시장경제의 가치를 확산

- 북한 주민의 인권 신장과 개혁 개방의 실질적 이행을 위해 강온양면의 복합적 대북정책을 추진함.

- 통일 이후의 발전 모습이 담긴 통일한국의 청사진을 마련하고 동북아안보경제공동체를 실현해 동북아의 평화와 번영의 초석을 다짐.

- 대북정책은 북한 주민의 삶의 질 향상에 초점을 맞춤.

☐ 한반도와 동북아의 안정과 발전의 장애물인 북한을 정상화하고 자유민주주의 통일기반을 구축함.

- 북한의 비정상성은 개인의 인권과 자유를 부정하는 전체주의체제와 핵·미사일 개발등 국제규범 위반 등에 기인함.

- 북한 정상화를 위한 대북정책은 유화정책과 강경정책이 배합된 복합전략 추진으로 북한의 실질적 변화를 끌어내야 함.

- 국제사회의 대북 경제제재는 북핵 폐기를 위한 유일한 평화적 수단이며, 북한의 근원적 변화를 추동하기 위한 지렛대임.

35. 북한 정상화와 한반도 부흥 프로젝트

■ 북한 정상화는 북한이 국제사회의 규범을 준수하는 근대국가로의 변화를 의미함. 근대국가의 모습은 산업화, 민주화가 달성되어 국민의 삶의 질 향상과 북한발전을 도모하는 것이며, 북한 정상화는 한반도 부흥을 위한 필수적 과정임.

☐ 북한 정상화의 요건은 정보화, 산업화, 민주화이며, 이를 위해 복합전략을 마련하여 추진하는 것이 필요함.

- 정보화는 북한 주민에게 정신적 인프라를 제공함.
- 자유(민주)화는 북한 주민에게 '억압으로부터의 자유로운 정치적 자유'를 제공함.
- 산업화는 북한 주민에게 '결핍으로부터의 자유로운 경제적 자유'를 제공함.

☐ 북한 주민에 대한 외부정보 접근 권한(북한 정보화)을 확대하여 자유·민주·인권과 같은 '정신적 지원'을 강화함.

- 정보화는 북한이 자유민주정부 수립(민주화)을 위한 토대를 구축할 수 있는 각종 정보를 제공함으로써 북한판 '시민사회 형성'의 가교역할을 수행하고 자유통일의 기반을 마련하는 것임.
- 정보화의 대상은 북한 외부정보뿐만 아니라 북한 내부정보도 포함하

고, 이때 유입되는 정보는 외부정보 유입뿐만 아니라 왜곡된 내부정보의 실태도 전달.
- KBS 한민족 방송을 북한 주민을 대상으로 한 통일(준비)방송으로 개편함으로써 정보 유입을 활성화함. 일기예보, 시장정보, 국제사회 정보 등을 제공
- 대북 민간방송을 활용하여 내부의 왜곡된 실상을 전달.

• 북한 주민이 정보에 쉽게 접근하도록 남북한의 방송 송출제도를 표준화하고 북한 주민에게 TV 수상기를 지원함과 아울러 남북한 방송 동시 개방을 제안함.
- 남북한 방송통신 표준화: 한국의 NTS 방식으로 표준방식 변경(북한: PAL 방식)

• 북한 주민들에게 정보 접근을 제한 통제하는 관련 규정을 폐기하고 민간인의 대북 전단 살포를 허용하고, DMZ에서 실시하는 군의 대북방송을 재개.

☐ 산업화는 북한 주민의 경제적 자유를 신장하는 정책으로 통일 이후 통일기반을 구축하는 동인이 됨.

• 산업화는 통일 이전 북한산업의 경쟁력을 분석하고 이를 토대로 통일 이후 북한경제개발전략을 마련하는 것임.
- 통일 이전 북한 산업경쟁력 분석을 통해 산업별 경쟁력 분석 및 산업재건 방안을 모색.
- 비교우위 산업: 일부 경공업 제품, 중저도 기술의 중공업 제품도 일정 정도의 경쟁력 구비

- 통일 이후 북한지역의 산업화 전략과 남북한 산업구조조정 계획을 마련함.
    - 단기 전략은 북한지역 내에서 자생력을 가지고 성장할 수 있는 산업군에 대한 발전 방안을 마련하는 것임.
    - 중장기 전략은 남북한 산업구조의 통합을 전제로 경제발전 방안 마련.
    - 통일 이후 북한지역에 배치할 수 있는 산업은 에너지, 고용, 지하자원 등이며, 이들 산업도 글로벌 경쟁력을 고려하여 구조조정을 함.
    - 통일 직후 수송망, 전력, 육상운송업, 건설업 등이 고성장 기대.

- 지식재산권과 산업표준의 통합은 한국의 법제가 북한지역으로 확장되는 것을 원칙으로 함.
    - 남북이 보유한 표준 수는 한국은 24,129종, 북한은 9,648종이며, 통합은 5단계로 추진.

〈표 11〉산업표준의 통합 단계

1단계	2단계	3단계	4단계	5단계
산업표준 상호교환	산업표준 상호인지	산업표준 상호협의	산업표준 상호인증	산업표준의 일체화

□ 북한경제에서 시장은 계획의 보완적 지위에 있지만, 북한의 시장화를 통해 시장이 계획을 대체하는 지위로 전환하는 것이 북한 변화의 계기가 될 것임.

- 현재 북한은 430개 내외의 종합시장이 있지만 북한 당국의 통제 아래에 있어서 시장기능을 발휘하지 못함. 따라서 북한 당국의 통제를 유연하게 바꾸기 위해 종합시장 상인을 한상(韓商)과 연계를 지원하고, 시

장에서 실질적으로 관리하는 '품목별 조(組)' 단위와의 연계도 지원함.
- 북한의 투자유치(경제특구)는 북한의 '배타적 행정권'이 일방적으로 적용되는 북한지역에 설정되어 실패하였음. 따라서 북한의 '배타적 행정권'을 완화 또는 약화할 구조 전환이 불가피함.
  - 북한의 행정권이 일방적으로 적용되는 북한지역의 경제특구는 EU, 중국 등과 국제협력체계를 구축한 후 진출
  - 남북한 공동자유경제특구(예: 개성-파주 공동특구, 설악산-금강산 관광특구 등) 개발

- 북한 근로자 임금이 ILO 기준에 따라 근로자에게 직접 지급될 수 있도록 국제협력체계를 구축함.

- 국제사회는 북한의 사회경제지표를 확인하기 위해 15년 주기로 인구 센서스를 실시함. 현재까지 2차례 실시함(1993년, 2008년).
  - 2023년 실시를 목표로 소요 예산을 국제사회에서 지원(약 100억 원 소요)

□ **북한 주민들이 '억압으로부터의 정치적 자유'를 누리고 인권이 신장하도록 도모함으로써 북한에 민주정부 수립의 토대를 제공함.**

- 자유와 인권의 신장은 한반도의 진정한 평화정착의 도구로서 북한이 보편적 국제규범을 준수하도록 강제함.

- 북한 주민의 인권 신장을 위해 제정된 북한인권법을 철저히 시행함. 특히 제 기능을 발휘하지 못하는 북한인권재단을 법 제정 취지에 맞게 정상화하고, '남북인권대화'를 정례화함. 또한, UN 등 국제인권기구 및 인권단체와 협력하여 북한 인권의 실질적 증진에 노력함.

- 안보·경제·인권 협력에 관한 '북한인권 프로세스'로 북한 민주화를 추진함.

36. 양방향 사회문화 교류를 통한 동질성 회복

■ 남북한 사회문화교류는 한국이 북한으로 가는 일방적 방문에 그침. 남북한 주민이 서로 오고 가는 상호교류를 통해 북한 변화를 끌어내며, 교류 목적도 북한 주민의 마음 얻기에 초점을 맞추어야 함.

☐ 남북한 사회문화 교류는 일방적 방문에서 상호왕래로 남북 교류의 기조를 변경함.

- 북한 주민의 한국방문은 공동체 인식을 확산하는 계기가 되기 때문에 북한 주민의 한국방문(관광)을 추진하고 비용은 한국이 부담함.
  - 10~20년 전 남북교류 과정에서 만난 친구 다시 만나기 사업 전개

- 남북한 대학생 상호교환 프로그램을 진행하고, 북한 대학생에게 중·단기 연수 기회 및 북한 관료와 대학생의 국제경제기구 교류를 지원하며 교육 기회를 제공함.

☐ 인도적 대북지원 사업을 통해 북한 주민의 마음을 얻는 사업을 추진함

- 인도적 대북지원 사업은 "요청 → 지원 → 사후관리"의 원칙을 정립하고, 북한 주민(평양시민과 당·정·군의 고위 간부는 제외)을 대상으로 함.
  - 철저한 모니터링과 국제공조를 통해 북한 주민들에게 직접 전달되도록 분배 방법을 개선
  - (가능하면) 상호주의 원칙을 견지: 북한 억류자, 납북자, 국군포로 등 문제와 연계

- 대북지원의 사후관리 강화 및 국고손실에 대한 책임 강구(식량 차관 등)

• 대북지원 사업(산림복구 등)이 중장기적 관점에서 북한 주민들의 삶의 질 향상에 이바지하도록 기획함.
  - 북한의 황폐한 산림복구를 위한 '나무 심기 행사' 등과 같은 일회성 행사는 지양하고 산림남벌을 억제·차단하는 근원적 방법으로 접근
  - 난방용으로 활용되는 나무를 다른 난방용 재료로 대체함과 아울러 아궁이를 개량하고 이에 걸맞은 연탄보일러 보급과 연탄공장 건설을 지원

☐ **북한 이탈주민을 보호하는 효과적 정착프로그램 개발과 운영의 합리화를 도모함.**

• 한국에 입국한 북한 이탈주민에 대해 지방자치단체와 시민단체가 협력해 자생적 적응프로그램을 개발하고, 창업지원 및 성공사례를 발굴하여 홍보함.
  - 성공적으로 정착한 북한 이탈주민을 통일 주도 세력으로 지원 육성

• 중앙정부는 탈북자 관리를 지원 및 감독하고, 지방자치단체는 이들의 실질적 운영을 유관기관에 위임해 관리함.

• 중국 등에 체류 중인 북한 이탈주민은 헌법정신에 따라 보호의지 및 재원 부담을 천명함. 정착촌 및 산업기반을 건설(몽골, 연해주 등)해줌으로써 그들의 자생기반을 구축함.

☐ **이산가족문제는 보여주기식 정치적 접근을 지양하고 인도주의적 관점에서 접근함.**

- 70세 이상 고령자에게는 자유의사로 거주지를 선택할 수 있는 권한을 부여함.
- 상호 고향 방문, 이산가족 편지 교환 등 상시 상봉체계를 구축함.

37. 적극적 통일정책 채택[20]

■ 역사적 관점에서 하나의 민족인 북한 주민의 자유와 인권 신장, 궁핍의 해결, 그리고 동북아의 평화와 번영을 위해 통일에 적극적으로 나서야 함.

□ 통일 거부 담론을 불식하고 통일역량을 강화함.
• 남북한은 각각 자기 주도의 통일을 시도하는데, 북한은 핵을 앞세운 무력적화통일을 기도하고 있음.

- 5대 통일 장애 담론 -

- 북한의 정치적 무능을 은폐하기 위한 '북한식 통일지상주의'
- 천문학적 비용 때문에 통일 후 삶의 질이 피폐해질 것이라는 '과도한 통일비용 부담론'
- 이질화된 남북한의 정치문화 때문에 통일 후 엄청난 혼란을 겪을 것이라는 '통일한국의 치안 부재론'
- 제도적 통일을 미루고 남북관계를 개선해 가면 언젠가는 통일이 될 것이라는 '사실상의 통일 만족론'
- 통일은 단계적으로 진행되기 때문에 지금 준비하지 않아도 된다는 '단계적 통일론'

---

20) 한반도선진화재단편, 『한반도통일 플랜 B』, 한반도선진화재단, 2014.

- 통일비용의 부담 주체는 50~60대 이상이고 통일 편익의 수혜 주체는 20~30대임. 따라서 청년층을 중심으로 제기되는 영구분단론은 잘못된 인식임.
  - 4차 산업혁명과 결합하면 통일비용이 경감될 것임.

  (예: 주택건설 비용과 시간의 절약, 도로의 폭이 현행보다 좁아질 수 있음).

□ 통일의 당위성과 비용보다 혜택이 더 크다는 사실을 널리 알려 한반도통일에 대한 인식을 전환하고 주변 4강에 대한 통일외교를 강화함.

- 북한이 핵을 보유한 상황에서 평화를 매개로 평화공존 체제를 유지하다 일정 시점에 통일을 완성한다는 현 정부의 소극적 통일정책은 바람직하지 않음.
  - 특히 현 정부의 '북한 붕괴 불원, 흡수통일 및 인위적 통일 불(不)추구'의 신(新)베를린 대북정책 구상이 그 예임.

- 북한재건 및 남북한 산업구조 재편 방안, 보건의료, 교육, 법제 통합 등 통일한반도의 청사진을 마련함.

- 다양한 통일 시나리오에 대비함.
  - 민족공동체통일방안(플랜 A): '선(先)통합 → 후(後)통일' 패러다임에 의한 통일
  - 북한 급변사태 시 통일방안(플랜 B): '선(先)통일 → 후(後)통합' 패러다임에 의한 통일 → 역사적으로 모든 통일은 '플랜 B'를 통해 달성되었다는 사실을 널리 알리는 것이 중요

- 한국 주도의 한반도통일이 주변 4강(미·일·중·러)에도 도움이 되는 통일한반도의 미래상을 제시함. 이를 기초로 통일 외교(外交)를 강화하고,

동시에 통일한반도가 동북아의 안정과 발전을 다지는 안전판 역할을 담당하는 '다자 안보 및 경제공동체' 청사진을 제시함.

☐ 북한의 대남 통일전선에 동조하는 반(反)통일세력의 행동을 억제하는 제도적 장치를 마련함.

- 전환정의법(law of transition justice)을 제정하여 북한체제에서 북한 주민에게 가한 범법행위는 통일 이후 무관용의 원칙을 적용하고, 통일 이전 한국에서 친북 이적행위를 한 당사자는 엄중 처벌함.

제3대 전략

민간이 이끄는
활기찬 선진경제

3대 전략	6~8대 정책	38 ~ 74개 과제
민간이 이끄는 활기찬 선진경제	**〈6대 정책〉** 자유롭고 기회가 넘치는 상생의 시장경제	38. 선진경제 기반 구축과 확장 39. 새로운 경제 질서와 형태에 대비 40. 기업 구조조정의 촉진 41. 국민연금의 기업경영 개입 최소화 42. 기업정책의 기조 전환 43. 세계 시장에서 경쟁할 수 있는 기업 생태계 조성 44. 기업 리쇼어링 활성화 45. 100년 기업을 육성하는 가업승계 활성화 46. 자본시장의 자율성 강화로 기업경영권 보호 47. 증권거래소 경쟁시스템 도입 48. 법인세 부담을 낮춰 기업의 국제경쟁력 제고 49. 상속세 인하와 목적세의 통폐합 50. 부동산세제의 합리적 개편 51. 미래세제 도입에 대비 52. 지속 가능한 에너지 공급기반 구축 53. 시장원리에 따른 에너지 가격 현실화 54. 에너지 기반 파괴행위 중단과 원전산업 정상화 55. 4차 산업혁명과 디지털 시대를 선도하는 노동법 개혁 56. 유연한 고용시스템 도입 57. 유연하고 다양한 근무방식 실현 58. 직무성과 중심의 임금체계 개편 및 개인 맞춤형 근로계약법 제정 59. 노사 간 힘의 균형 회복과 상생의 선진 노사관계 구축 60. 기업 및 노동조합의 사회적 책임 강화 61. 경제사회노동위원회 쇄신
	〈7대 정책〉 끊임없이 혁신하는 과학기술 강국	62. 선도형 혁신생태계 구축 63. 미래전략산업 육성 64. 포스트 코로나 시대 대응 및 디지털 전환 혁신 동력 확보 65. 과학기술의 공공책무성 강화와 사회적 기여 확대 66. 지역혁신생태계 거점 구축 67. 혁신주도형 과학기술 행정체계 확립
	〈8대 정책〉 새로운 국제경제질서 연착륙과 선도	68. 블록체인 기반의 금융산업 육성 69. 글로벌 공급망 변화에 적극 대응 70. ESG 경영과 에너지·기후위기 대응 71. 녹색 기술의 국제표준화 선도 72. 초록사회 구현과 에너지 섬 극복 73. 기후변화 대응 역량 강화와 에너지 소비 절감 74. 미래산업·기술 지원 및 혁신생태계 조성

6대정책

자유롭고 기회가 넘치는 상생의 시장경제

국제통화기금(IMF), 경제협력개발기구(OECD)와 국제연합 무역개발협의회(UNCTAD) 등은 대한민국이 개도국에서 벗어나 선진국에 진입한 것으로 간주함. 소득 기준으로 따지면 이를 부인할 수 없음. 하지만, 우리의 경제구조, 제도와 정책, 관행과 인식까지 선진국 수준에 도달해 있다고 보기는 어려움. 따라서 경제정책 기조를 선진경제체제로 격상시켜 지속 가능한 상생의 시장경제를 구축해야 함.

기업이 부(富) 창조의 근원이라는 인식을 확산함. 기업이 양질의 일자리 창출의 기반이며 기업이 건강한 중산층 확대와 사회안정에 기여하고 양극화를 완화하는 경제주체임을 올바로 알게 해야 함. 반(反)기업 정서를 완화하고, 대기업은 악(惡), 중소기업은 선(善)이라는 이분법적 인식의 불식이 긴요함. 초중고등학교 시절부터 경제교육을 강화해 기업과 기업인의 중요성을 각인시킴.

기존 제조업 기반에 ICT(정보통신기술), BT(바이오기술) 등과 결합하여 디지털 변혁, 서비스 융합형 제조업, 확장기업 생태계 조성과 규제개혁을 통하여 제조업 기반을 고도화하는 한편, 부가가치를 끌어올림으로써 국내기업의 해외 진출을 촉진하고, 해외 진출기업은 국내로 다시 유입될 수 있도록 유도함.

38. 선진경제 기반 구축과 확장

■ 선진경제는 기회, 선택, 공동체를 소중히 하는 경제임. 국민 개개인이 자기 능력을 발현할 기회를 확보하고, 각자의 선택을 존중함. 공동체는 개인의 자유와 행복, 재산권을 보호하며 개인은 공동체를 소중히 여김.

☐ 선진경제는 개인의 삶이 풍요로우며 인류 공영에 기여하고 혁신하는 성장을 추구함. 삶의 질 향상을 위해 환경, 안전, 안보, 인권 등의 문제 해결에 노력하는 공존공영의 기반을 구축함.

☐ 선진경제는 새로운 기술변화에 동참하여 지속 가능한 성장 기반을 확충함. 4차 산업혁명의 미래기술 변화를 주도하고, 발전모델의 구조 전환을 통한 혁신경제를 지향하며, 추격모델에서 선도모델로 나아감.

☐ 자유민주주의와 시장경제에 기반한 경제질서를 확립하여 선진경제의 토대를 공고히 함. 사유재산과 사적 계약의 보호, 자유롭고 공정한 경쟁 규칙 정립과 '경제민주화'의 오남용 방지, 노동3권과 기업의 경영권 보장을 통한 상생의 노사관계를 구축함.

39. 새로운 경제 질서와 형태에 대비

■ 4차 산업혁명의 진전과 함께 플랫폼 경제, 공유경제, 프리랜서와 긱 경제(gig economy) 등과 같은 새로운 형태의 경제가 출현하고 있음.

▫ '플랫폼 경제'는 플랫폼에 의해 촉진되는 경제 사회 활동으로 빅데이터 AI 등의 핵심 인프라 생태계를 갖추고 활용하는 4차 산업혁명 시대의 중추적 역할을 함.
- 플랫폼 경제의 유형은 디지털 중개자(matchmaker)인 거래 플랫폼과 다른 사람들이 사용할 수 있는 공통적인 기술 프레임워크를 제공한 혁신 플랫폼이 있음.
- 플랫폼 경제의 유형에 따른 제도와 함께 플랫폼 경제를 진흥하기 위한 법 제도를 정비함.

▫ '공유경제'는 한번 생산된 제품을 여럿이 공유해 쓰는 협업 소비를 기본으로 함. '함께 나눠 쓰기'를 실현함으로써 자원 활용 극대화와 함께 소유자의 효율을 높이는 한편, 구매자는 싼값으로 이용하는 장점이 있음. 공유경제를 진흥하기 위해 '(가칭) 공유경제 진흥법' 제정 및 각종 관련 규제 법령을 정비함.

▫ 프리랜서와 긱 경제는 독립적인 노동자가 일정 기간 특정 업무를 수행

하면서 제공하는 경제활동임. 프리랜서는 3-12개월의 계약기간 동안 활동하고 긱스터(gigster)는 30분에서 3시간 정도의 단시간 노동을 함.

- 저임금 플랫폼 노동자인 프리랜서와 긱스터 일자리 수가 급증하고 산업도 팽창함.
  - 배달시장 규모: 2019년 9조 원 → 2020년 17조 원
  - 10만 명이 종사하는 서비스 산업이 불과 3~4년 만에 형성

- 프리랜서와 각 경제에 근무하는 '특수형태 근로 종사자'의 개념 정의와 투잡, 스리잡도 일반화되는 추세에 따른 역할 재검토가 필요함. 그리고 보험정책 등 관련 법과 제도를 재검토함.

40. 기업 구조조정의 촉진[21]

☐ 기업결합 및 인수합병과 관련한 규제제도의 정비, 좀비 기업의 상시 퇴출 제도 도입 및 관치경제와 관치금융을 청산함.

- 지주회사가 기업을 인수·합병할 수 있도록 규제를 정비함. 지주회사가 금융회사 보유를 허용하고, 지주회사에 대한 지분율 규제를 조정 함. 금융지주회사도 일반회사 보유를 허용함.
- 좀비(zombie) 기업의 상시 퇴출제도를 도입하고 관련 규정을 정비함.

☐ 기업 활력 제고와 경쟁력 향상을 위해 각종 승인규제 제도를 개편·폐지하여 상시적 구조조정이 가능하도록 함.

- 자산 양도 및 채무상환계획 등 사업재편계획, 채무의 인수 변제 등이 포함된 사업재편계획, 주주 등의 자산 양도 또는 자산증여계획 등의 사업재편계획, 채무면제이익을 포함한 사업재편계획 등에 대한 승인규제를 폐지함.
- 요건만 충족되면 세법상 특례 적용의 규정을 개정하거나 승인 없이도 사업재편이 가능하도록 함.

☐ '관치경제'에 의한 경제의 정치화 행위를 근절함.

---

21) 양준모, "경제선진화", 『대한민국 선진화의 길』, 한반도선진화재단, 2020.

- 정부가 관리하는 기금과 금융기관을 이용하여 기업경영에 개입하는 행위를 근절함. 국민연금기금의 스튜어드십 코드를 이용한 연금사회주의도 불식함.

- 더 좋은 금융서비스를 제공하기 위해 정부의 규제를 완화하고 개입을 최소화하며, 기대 가능한 자본시장에 대한 규제환경과 창의적 자본조달 환경을 조성함.

- 금융기관의 위험 선별능력을 높여 금융산업의 경쟁력을 높이며 정부보증에 의존한 대출 관행을 불식하고, 기업의 생애 주기(창업, 연구개발, 자본축적, 퇴출)에 걸맞은 금융기법을 도입하여, 창업 및 벤처 기업에 대한 투자를 활성화함으로써 미래산업을 육성함.

- 금융자본과 산업자본이라는 이분법적 사고에 기반을 둔 금산분리정책을 폐기함. 자의적 판단에 따른 금융기관 설립 불허 등 행정 편의주의적 규제를 지양하고 은행지점 통폐합에 따른 금융소비 약자(인터넷 취약계층) 보호 대책을 마련함.

41. 국민연금의 기업경영 개입 최소화[22]

☐ 국민연금 기금에 의한 연금사회주의를 차단하기 위해 스튜어드십 코드 적용을 제한하고, 연금기금의 지배구조를 개혁함.

☐ 민간부문에 대한 국민연금 기금의 스튜어드십 코드 적용을 제한함.

- 국민연금기금 운용위원회가 주주권을 집합적으로 수행하는 행위를 제한하고, 스튜어드십 코드의 적용에 따른 주주권 행사는 위탁운용사가 개별적으로 행사함.

☐ 국민연금기금의 수익률 극대화를 위하여 국민연금기금법을 제정하여 정치나 정부로부터의 독립성을 강화함.

- 국민연금기금법은 독립법인으로서 정부인사가 전면 배제된 전문가 중심의 합의제 기금운용위원회를 설치하고 산하에 국민연금기금공단을 둠.

- 기금운용위원회 위원은 정치적으로 독립적이어야 하며, 임기가 보장됨. 연임이 가능하고 일시에 1/3 이상 교체할 수 없음. 이는 기금운용의 안정적이고 일관성 있는 운용을 보장하기 위함임.

- 일정의 기금 규모로 다수의 공단을 설치하며 기금공단간 독자적 경쟁체제를 갖춤.

---

22) 김원식, "시장복지를 위한 복지제도의 개혁", 『대한민국 선진화의 길』, 한반도선진화재단, 2020.

□ 국민연금기금의 주주의결권 행사를 기금운용본부로 이관함.

<그림 4> 국민연금기금 지배구조 개혁(안)

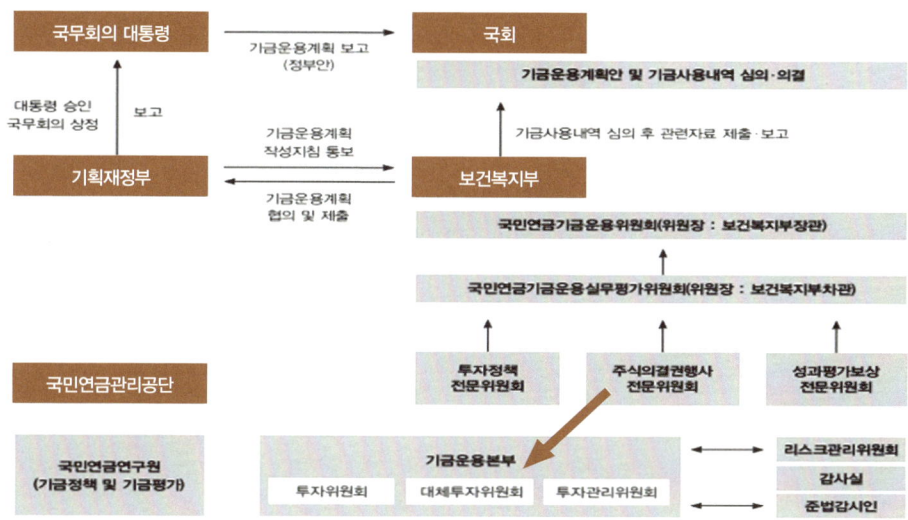

자료 : 국민연금공단의 『2017 국민연금기금 연차보고서』, 2018을 기초로 하여 보정

42. 기업정책의 기조 전환[23]

■ 지금까지 우리의 기업정책은 기업 규모를 기준으로 규제하는 정책을 견지해 왔음. 이 정책은 중소기업에 대한 과잉보호가 되어서 대기업으로 성장하려는 유인을 억제하고 기업의 국제경쟁력을 약화시킴. 따라서 규모별 기업정책을 기능별 기업정책으로 전환해 기업의 성장 사다리를 구축하고 국제경제력을 강화함.

☐ 기업이 국제경쟁력을 확보하려면 기업정책 기조를 규모별 정책에서 기능별 정책으로 전환해야 함. 기능별 기업정책으로 전환하기 위한 개혁 방향은 다음과 같음.

- 기업 규모에 따른 이분법적 정책을 완화(철폐)함.
- 공정거래질서는 경제력집중규제에서 경쟁 촉진으로 기조를 전환하여 경제력 남용을 방지하고, 소비자의 복리를 증진함.
- 지주회사, 자회사, 손자회사 등의 공동출자 금지제도를 폐지하고, 지주회사 설립이 쉽도록 지주회사의 자회사 지분율 규제를 완화함.
- 계열사 간 정상적인 거래를 허용하는 수직계열화로 경쟁력을 유지하도록 함. 이를 통해 효율성 추구 및 거래의 안전성, 상품과 용역의 품질을 유지함. 공정거래법의 중복 과다 공시를 축소하고 공정위의 실태조

---

23) 양준모, "경제선진화", 『대한민국 선진화의 길』, 한반도선진화재단, 2020.

사 절차를 개선함.

☐ 중소기업이 대기업으로 성장할 수 있는 성장 사다리 유인체계를 정립함.

- 기업의 규모가 중요한 것이 아님. 기업이 자생력, 부가가치 창출 능력과 국제경쟁력을 갖도록 대기업과 중소기업의 협력적 동반자 관계를 조성함.

- 기업 규모만으로 정부 지원을 결정하는 관행을 바꿔야 함. '규모에서 기능으로' 정부 지원 기준을 전환하여 중소기업 → 중견기업 → 대기업으로 성장 사다리를 견인하는 체계를 정착시킴.

- 산업통상자원부에서 중소기업 업무를 총괄하고, 중소벤처기업부와 동반성장위원회를 폐지함.
  - 중소기업과 대기업을 차별적으로 인식하고 법을 적용하는 이분법적 경제법안을 정비.

☐ 중소기업의 경쟁력 향상에 초점을 두고 제도를 정비함. 기업 규모만 가지고 중소기업을 지원하던 지원 관행을 철폐하고, 경쟁력 있는 기업을 육성하는 정책으로 기조를 전환함.

- 중소기업 지원정책에서 육성정책으로 정책 기조를 전환하기 위해 중소기업에 대한 공공기관의 특혜성 계약을 축소(장기적으로는 폐지)하고, 대신 중소기업 간 경쟁제도를 도입하며 규모별 우대정책은 축소함.
  - 대기업의 정부 조달시장 진입 장벽도 점진적으로 폐지.

☐ 조세 및 금융정책과 공정거래정책을 개혁해 기업의 성장 사다리 정책을 마련하고 지원함. 나아가 기업가 정신에 대한 올바른 인식을 고양함.

43. 세계 시장에서 경쟁할 수 있는 기업 생태계 조성[24]

□ 세계 시장에서 경쟁할 수 있도록 기업 생태계를 혁신함.

- 기업이 성장 사다리를 통해 규모를 키울 수 있도록 규제를 혁파하고, 기업 규모가 커질수록 새로운 규제가 추가되는 역차별 정책을 시정함.
- 중소기업에 대한 '보호 및 육성(유지)정책에서 국제경쟁력 향상정책으로' 전환하여 중소기업의 국제경쟁력을 높이도록 기업의 성장 생태계를 조성함.
- 자산총액 기준 5조 원 이상의 대규모 기업집단에 대한 과도한 규제를 폐지함.

□ 세계적 대기업을 현재 16개에서 50개로 확대하기 위해 세계적 대기업의 성장 기반을 조성함.

- 국내 규제를 국제규범(global standard)의 범위 내에서 완화하고, 상법, 자본시장법, 공정거래법, 세법 등을 개혁함.

---

24) 최준선, "기업경쟁력 강화정책", 『대한민국 선진화의 길』, 한반도선진화재단, 2020.

44. 기업 리쇼어링 활성화[25]

■ 기업 리쇼어링(reshoring)이 활성화되도록 각종 규제 및 진입 장벽을 철폐하고 기업 하기 좋은 기업생태 환경을 구축함.

▢ 기업에 대한 각종 규제와 진입 장벽이 철폐되고, 각종 세제가 정비되고 노동시장의 경직성도 완화되어야 리쇼어링이 활성화될 수 있음.
- 수도권 공장입지 규제 완화, 국내 복귀 기업을 대상으로 토지·공장 매입비, 설비 투자액과 고용보조금 지원 확대 등이 필요함.
- 국제기준보다 높은 법인세, 약탈적 상속 증여세와 관세를 인하하는 등 각종 세제를 정비하고, 노동시장의 경직성을 완화(노동의 유연안정성 확보)함.

▢ 반(反)기업적 법률의 개정 폐지와 U-턴 특구를 지정하고, 규제는 기업이 순응할 수 있는 수준으로 정비함.
- U-턴 기업에 대한 정부의 까다로운 선정 및 심사조건을 완화함. "해외진출기업의 국내 복귀 지원에 관한 법률"(2013년 제정)을 개정하여 규제를 완화함.
- 고용위기 지역에 "U턴 특구"를 지정하여 입지·설비보조금 지원과 과감한 관세 및 세액감면, 인력지원, R&D 보조금 지원 등 혜택을 부여하

---
25) 최준선, "기업경쟁력 강화정책", 『대한민국 선진화의 길』, 한반도선진화재단, 2020.

여 스마트공장이 되도록 지원함.

- "규제비용 관리제"(2016년 이후)를 적극적으로 적용하여 규제의 수와 내용을 명확히 규정함으로써 기업이 체감하여 순응할 수 있는 규제환경을 조성하고 정비함.

- 법률 제 개정 시 기업의 의견을 적극적으로 반영하고, 기업의 이행 능력과 현실에 비추어 환경 관련 무리한 규제를 완화 또는 폐기함.
  - 배출권거래법 등 대기 관련 규제, 화학물질등록평가법, 화학물질관리법 등

□ 해외로 진출했다가 국내로 복귀하는 제조기업을 고도화하여 기업의 확장 생태계를 구축함. 제조업 기반을 고도화함으로써 산업 주권을 회복하고 양질의 일자리 창출과 소비 진작에 이바지하는 긍정적 역할을 촉진함.

- 기업이 국내로 단순히 복귀하는 리쇼어링(re-shoring)이 아니라 U-턴 기업이 고도화되고 확장기업 생태계를 조성하는 온쇼어링(on-shoring)을 지향함.

- 기존 제조업 기반 → ICT(정보통신기술), BT(바이오기술) 등과 결합 → 디지털 변혁, 서비스 융합형 제조모델, 확장기업 형성, 규제개혁 → 국내 제조기반의 고도화라는 선순환체계를 유도함.

- 제조업인 동시에 ICT 플랫폼을 보유한 서비스 융합형 제조모델은 지속적인 수익 기반을 확보하면서 시장 잠식도 방지함.

- 사물인터넷(IoT)과 로봇을 비롯한 엔지니어링, 플랫폼 등을 새로운 디지

털 제조업 모델로 개발함과 아울러 디지털 기술 확보를 위해 인수·합병(M&A)을 적극적으로 추진함.

- 리쇼어링, 백쇼어링, 온쇼어링 -

- 리쇼어링과 백쇼어링(back-shoring)은 해외 진출 기업이 국내로 복귀하는 것을 의미함.
- 오프쇼어링(off-shoring)은 비용 절감을 위해 생산공장을 해외로 이전하는 것을 의미함.
- 온쇼어링(on-shoring)은 리쇼어링 유인책 강화, 오프쇼어링 방지책 마련, 국내제조업 지원책 강화, 해외기업 유치 등을 포괄하는 개념임.

▫ U-턴 기업이 확장기업 생태계에 편입되면서 대기업-중소기업 간 상생의 생태계를 조성하여 발전하도록 함.

• 확장기업은 대형 제조업체와 협력업체가 하나의 기업처럼 협력하는 모델로 대형 제조업체가 협력업체에 기술을 지원해 생산성이 향상되는 모델임. 이때 관련 기업의 참여는 자발성을 기반으로 한 협업모델로 다양한 종류의 협업들이 가상기업을 통해 이루어짐.

• 기업 간 협업은 분야·환경·지역·문화·목표 등에 따라 다양한 방식으로 수행될 수 있음. 참여기업 간 위상에 따라 공급사슬의 협업 형태가 다름.

〈표 12〉 위상과 협업 및 통합 정도

위상의 차이	- 수평적 협업(horizontal collaboration): 동등한 위치에 있는 기업 간 협동 - 수직적 협업(vertical collaboration): 공급사슬 관계에 있는 기업 간 협업 - 이종 협업(diagonal collaboration): 서로 다른 분야의 기업 간 협업
협업방식 및 통합 정도	- 확장기업(extended enterprise), 네트워크기업(networked enterprise), 동시기업(concurrent enterprise) 등

- 신뢰할 수 있는 파트너 기업을 찾아 가상기업을 구축하고 운영하여 사업 기회를 달성하는 지가 향후 시장에서의 기업 생존에 큰 영향을 미칠 것으로 예상됨.

45. 100년 기업을 육성하는 가업승계 활성화

■ 100년 기업육성을 위해 가업승계가 가능하게 하는 기반을 조성하고 과중한 상속세율을 조정하거나 폐지함.

□ 가업승계 기반의 조성을 위해 (가칭) '중소기업 가업승계 지원법'을 제정하고 원활한 가업승계를 위해 제도를 개선함.
- 후계자의 경영권과 재산권 보호를 위한 민법상의 특례를 제공하고, 상속세 납부유예, 세금 납부를 위한 정책금융기관의 대출 지원 및 기업승계주식에 대한 증여세 과세특례 적용을 확대(일반증여세율 적용 시 10~50% 누진과세)함.
- 가업승계를 '부의 대물림'으로 여기는 사회의 부정적 인식을 교정함.

□ 기업의 개별적 상황을 무시한 현행 할증제도를 완화 또는 폐지함. 할증제도에 기인한 과중한 상속세율로 인해 가업승계가 순조롭지 못함으로 가업승계 요건을 완화함.
- 매출액 3천억 원 미만의 가업승계 기준을 모든 중소·중견기업으로 확대하고, 공제 한도 500억 원은 모든 사업용 자산으로 확대함. 그리고 10년 정규직 근로자 100% 유지요건을 '총급여 100% 유지' 요건으로 하고, 사후관리기간은 5~7년으로 단축함.
- 가업상속 업종 제한을 한국표준산업분류상 세분류 이내에서 가업상속

배제업종(예: 유흥주점 등)을 제외한 모든 업종으로 완화함.

☐ 공익법인 주식출연에 대해 상속세 비과세 한도를 20%로 상향 조정하여 기부 활성화 및 원활한 기업승계를 지원함.
- 미국은 20%, 일본은 50%까지 비과세

46. 자본시장의 자율성 강화로 기업경영권 보호[26]

■ 기업경영의 자율성을 침해하는 각종 규제의 철폐, 회계처리 해석에 대한 다양성 인정 등의 개선 조치가 필요함.

▫ 적대적 기업 인수 합병이나 경영권 침해에 맞설 수 있는 차등의결권제와 신주인수선택권제(포이즌 필)에 관한 규제를 폐지함.
▫ 정부의 기업경영 개입 행위를 차단함. 이를 위해 사외이사, 상근감사, 감사위원회 위원의 주주총회 선임 등의 기준을 자산총액 1천억 원과 2조 원에서 각각 2천억 이상, 5조 원 이상으로 상향 조정함.

- 상법상 감사, 감사위원회 위원 선임 시 대주주 의결권 제한(이른바 '3% rule')을 폐지하고, 금융기관 대주주 적격성 심사, 자격 제한, 의결권 제한 등 권리 제한을 완화 또는 폐지함.
- 회계처리 해석에 대한 회사의 자체적인 판단을 허용한 IFRS 도입의 다양성을 인정함. 감사인 지정제와 표준 감사시간 등에 관한 회계감사인과 기업의 마찰을 방지하는 개선방안을 마련함.

---

26) 최준선, "기업경쟁력 강화정책", 『대한민국 선진화의 길』, 한반도선진화재단, 2020.

47. 증권거래소 경쟁시스템 도입

■ 1956년 이후 한국거래소(구 대한증권거래소)는 증권거래에 대한 독점체제가 유지되어 시가총액 규모(세계 13위 수준)에 비해 거래 시스템 고도화는 물론 시간, 속도, 수수료의 다양성 결여 등으로 하위권에 머물고 있음.

☐ 거래소 간 경쟁 시스템을 도입하여 인프라 수준을 높이고, 투자자들에게는 지금보다 싼 거래 수수료, 빠른 거래 속도, 정규 시간 외 거래 기회를 부여함. 정규거래소가 제공하지 않는 다양한 매매기법을 도입하고, 거래시간 연장으로 국내 투자자들이 해외시장 변화에 민감하게 대응할 수 있도록 지원함.

☐ 경쟁 시스템 도입을 위해 다자간 매매체결 시스템 혹은 대체거래소(ATS: alternative trading system)를 신설함. 이를 위해 한국 증권거래 시장 인프라를 업그레이드하고, ATS는 상장업무와 시장규제 등의 기능은 하지 않고 주식거래 중개 기능만 수행하여 인원과 비용을 절감함으로써 주식거래 효율성을 높임.

<표 13> 한국거래소와 ATS의 차이

	한국거래소	ATS
정의	유가증권 발행 및 유통 시장	상장 등의 기능은 없고 정규거래소에 상장된 유가증권에 대한 가격 발견 및 매매체결 기능 수행
거래시간	정규 거래(09:00 15:30)	정규 거래 및 거래연장 가능
주요 거래자	높은 유동성 기반으로 한 안정적 거래선호 투자자	낮은 거래비용, 빠른 속도, 다양한 거래방식 선호 투자자
청산결제기능	있음	없음
시장감시기능	있음	없음

48. 법인세 부담을 낮춰 기업의 국제경쟁력 제고[27]

■ 기업의 국제경쟁력을 높이기 위해 법인세 체계를 국제기준에 맞게 합리적으로 조정하고 준조세인 부담금을 개혁함.

☐ 세계 평균보다 높은 법인세율은 기업 규모와 상관없이 하향 조정하고, 국내자본 유출과 해외자본 유치를 위해 개편함.

- 기업 규모와 관계없이 법인세 최고세율을 10%대 수준으로 하향 조정함.
  - 한국의 최고세율은 25%(지방소득세 시 포함 27.5%), OECD 평균은 21.9%

- 국내자본 유출 방지와 해외자본 유치를 위해 기업에 대한 과세체계를 '주거지 과세방식'에서 '원천지 과세방식'으로 전환함.

- 해외에서 발생한 소득은 납부와 관계없이 국내에서 법인세 부과를 면제하여 외국기업의 본사를 국내 유치할 수 있는 유인을 제공함.

- 과세방식 -

- '거주지 과세방식' : 기업의 국내 발생 소득과 국외 발생 소득을 모두 과세
- '원천지 과세방식' : 국내에서 발생한 소득에 대해서만 세금을 부과하는 방식

---

27) 김용민, "조세정책의 개혁", 『대한민국 선진화의 길』, 한반도선진화재단, 2020.

□ 기업의 준조세 형식의 부담금을 개혁하여 기업경쟁력을 강화하고 가계의 가처분소득 증대를 유도함.

- 부담금은 특정 공익사업을 명목으로 거두고 있는데, 현재 전력기반부담금, 교통유발부담금, 국제빈곤부담금 등 90여 종의 부담금이 남설되어 운용됨.
- 부담금의 존치 필요성, 부과 수준의 적절성, 절차의 공정성 등을 기초로 전면 재검토함.
- 포퓰리즘에 기반한 부담금 부과가 결국 납세자의 부담이라는 사실을 적극적으로 홍보함.

49. 상속세 인하와 목적세의 통폐합[28]

□ 정당한 부(富)의 축적이 가능한 사회기반을 구축하기 위해 이중과세인 상속세는 폐지하고 자본이득세로 전환함.

• 과도한 상속세는 국부의 유출, 고용의 감소와 성장의 둔화를 초래함. 따라서 상속세율은 20% 대로 인하(OECD 평균 상속세율 26.5%)하고 궁극적으로 상속세를 폐지함.

□ 농특세, 교육세, 교통·에너지·환경세 등과 같은 목적세는 본세에 통합하는 방식으로 폐지함. 목적세 폐지로 발생하는 세수 감소를 보전하기 위해 지방교육재정교부금법을 개정하고, 특별회계 재원확충 등의 보완조치를 시행함.

---

28) 김용민, "조세정책의 개혁", 『대한민국 선진화의 길』, 한반도선진화재단, 2020.

- 현재 운영되고 있는 목적세의 현황과 내역은 아래와 같음.

〈표 14〉 목적세 현황 및 내역

구 분	설치연도	설치목적	적용시한	시한 연장
농특세	1994. 3	1994년 UR협상 타결에 따라 농어업 경쟁력 강화 및 농어촌발전사업에 소요될 재원 확보	2024. 6	당초 일몰 : 04. 6 → 추가 시장개방을 고려, 10년씩 연장
교육세	1982. 1	교육의 질적 향상에 필요한 교육재정 확보	없음 (영구세)	한시법으로 시작 → 1990년 영구화
교통세	1994. 1	도로 및 도시철도 등 교통시설의 확충에 드는 재원 확보	2021. 12	당초 일몰 : 2003. 12 → 3년씩 연장

- 목적세를 본세에 통합하는 방안은 아래와 같음.

〈표 15〉 목적세별 본세 통합 방안

세목 구분	본세통합 방안
교육세	• (국세분) Sur-tax를 모두 본세 통합 • (금융보험업분) 수수료 수입 부가가치세 과세 전환
교통세	• 휘발유, 경유 세금을 개별소비세로 통합
농특세	• (국세분) Sur-tax를 모두 본세 통합(종합부동산세분 제외) • (지방세분) 취득세분 레저세분 등 본세 통합

50. 부동산세제의 합리적 개편[29]

■ 부동산 세제의 개혁 방향은 주거 안정과 주거복지의 실현, 단기적 자본차익 행위(투기)의 근절, 부동산 개발과 관련하여 발생하는 수익은 지방자치단체로 환원하는 것임.

□ 부동산 조세정책이 집값 안정과 주거의 질을 해치지 않도록 개혁함.

- 다주택자 보유자에 대한 누진세율을 OECD 국가들처럼 단일세율로 조정함. 주택보유 개수에 따른 누진세율은 폐지하고 주택 가치의 합계에 따라 세율에 차등을 둠.

- 보유세 기준이 되는 부동산평가액은 최초 취득가액을 과세표준으로 결정해 장기보유를 유도하고, 매년 재산세 부과기준은 직전 년도 대비 상한을 설정(예: 2%)하여 재산세 납부액의 예측 가능성을 높임.

- 취득세와 양도소득세를 인하하여 원활한 시장거래를 촉진함.

- 이중과세인 종합부동산세를 폐지하여 재산세로 통합하고, 실수요자의 재산세 납부액은 소득세와 통합 관리함으로써 납세자의 부담을 경감함.
  - 실거주하는 주택에 대한 보유세 납부액과 주택 구매에 따른 이자 비용에 소득공제를 적용.

- 소득이 없는 노인과 소득이 적은 농민에게는 공시가격 자체를 낮게 책

---

29) 송경학, "부동산 세제의 올바른 방향", 『누구를, 무엇을 위한 부동산정책인가』, 한반도선진화재단, 2021.

정하는 과표 감산제를 도입함.
- 재산세를 깎아주면 재산세만 경감되지만, 공시가격 즉 과표를 감산하면 63개 행정지표에 연동되어 다양한 혜택이 수반됨. 공시가격의 일정 비율을 감액하여 과표를 작성하고, 이를 통해 건강보험 급증과 기초연금 탈락을 방지.

▢ 보유세의 기초가 되는 과세표준을 최초 취득가액으로 설정하여 장기 보유를 유도하거나 기준시가 상향률 상한을 설정하여 법적 안정성 및 예측 가능성을 높임.
• 주택 비과세제도를 5년 기준으로 현실에 맞게 조정함. 대신 비과세 혜택을 축소하고, 단기보유(2년)로 비과세 혜택을 받고 전매함으로써 발생하는 자본차익 행위를 차단함.

▢ 20대 대통령 선거를 앞두고 일각에서 도입하자고 주창하는 '국토보유세'는 인기에 영합하려는 발상으로, 중복 과세와 조세 부담의 심각한 편중 등 부작용을 초래할 뿐만 아니라, 과세기술 상으로도 실현 불가능함.
• 일부 고가주택에 부과하는 종합부동산세와 달리 국토보유세는 모든 부동산 소유자에게 매긴 세금을 재원으로 전 국민에게 기본소득을 지급한다는 구상임.
• 국토보유세는 재산세에 더해 토지분 세금을 추가로 징수하는 중복 과세임.
- 국토보유세는 2006년 이후 도입한 토지건물 일괄과세를 포기하고 주

택 재산세를 토지분과 건물분으로 구분 징수하는 2006년 이전으로 회귀하는 것임.

- 공시가격의 형평성이 미흡한 상황에서 국토보유세를 도입하면, 저가 주택의 공시가격은 실거래 반영비율이 높아지고, 고가주택은 실거래 반영비율이 낮아져 조세 부담의 형평성을 더 낮추게 될 것임.

- 국토보유세는 계산방식이 복잡하고 이의신청 기관(국토보유세: 국세청, 재산세: 지방자치단체)의 분리로 불복 절차도 복잡해 납세자 권리가 침해될 우려가 큼.

51. 미래세제 도입에 대비[30]

■ 복지재정 수요의 증대, 기계(로봇)가 인간노동을 대체함으로 유발되는 실업에 대비한 기본(안심)소득의 도입, 탄소 중립시대 도래 등으로 세입의 대폭 감소와 세출의 대폭 증대로 인한 국가재정 위협에 대비하기 위해 새로운 세제의 도입이 필요함. 현재 새로운 세원으로 로봇세, 디지털세, 탄소세, 에너지소비세, 플라스틱세 등이 검토되고 있음.

□ 로봇세는 인간과 로봇과 공존하는 사회에 대비하기 위해 도입이 검토되고 있음. 로봇으로 인한 인간의 대량실업에 대비하기 위해 인간의 최소한의 소득을 보장하기 위해 로봇에 과세하는 방안임.

• 로봇이 생산성을 높이고 경제성장에 이바지하며 궁극적으로 일자리도 늘리는 측면에 주목하여 로봇세에 반대하는 주장도 힘을 얻고 있음.

□ 디지털세는 경제개발협력기구(OECD)와 주요 20개국(G20)의 포괄적 이행체계(IF)는 2023년부터 시장소재지 국가에 과세권을 부과하기로 2021.10월 합의하였음.

• 디지털 세제는 연간 매출 200억 유로(27조 원) 이상이며 10% 이상의 이익률을 올리는 글로벌 다국적기업을 대상으로 과세키로 했음. 아울러 15%의 글로벌 최저한세 도입도 확정됐음.

---

30) 김용민, "조세정책의 개혁", 『대한민국 선진화의 길』, 한반도선진화재단, 2020.

- 글로벌 디지털세와 최저한세가 도입될 경우 수출산업의 비중이 높은 우리는 세수에 일부 차질이 발생할 가능성이 있지만, 경제에 미치는 상대적 득과 실은 그다지 크지 않을 것임.

☐ 탄소세는 글로벌 탄소 중립(net zero) 시대를 지향하며, 같은 맥락에서 에너지소비세, 플라스틱세 등의 논의도 한창임.

- 1인당 탄소 배출량이 세계 평균보다 무척 높은 우리의 경우 도입 필요성이 가장 높은 세목임.
- 화석연료 의존도가 높은 산업의 특성에 비추어 우리 기업과 소비자가 짊어져야 할 초기 부담은 상당할 것임. 다만 중장기적인 관점과 글로벌 규범을 고려하면, 이는 불가피한 투자와 성장통으로 인식할 수밖에 없음.

52. 지속 가능한 에너지 공급기반 구축[31]

☐ 취약한 에너지 안보 구조를 보완하여 지속 가능한 에너지 공급의 기반을 확충함.

- 에너지 수급 안정은 국민의 일상생활과 산업생산의 동력 공급에 불가피함. 하지만 한국은 97%의 에너지를 수입하는 에너지 다소비 업종 위주의 산업구조라 에너지 안보가 취약한 구조임.

- 에너지 수입의존도를 낮추기 위해 적극적으로 해외 에너지 시장을 개척함. 에너지 자원의 확보와 수입원의 다양화를 추진하고, 자원개발 외교를 강화하여 장기적 관점에서 적극적 에너지 자원개발을 추진하며, 중동 위주의 석유류 수입구조를 미국 셰일가스로 전환함.

- 석유, 천연가스, 석탄의 공급기반을 유지, 확장하고 비축 능력을 확대함.

☐ 시장기능 회복, 독점적 지배 구조개선 또는 개혁, 전문기업 육성 등 에너지 수급 거버넌스를 개혁하여 지속 가능한 에너지 공급기반을 마련함.

- 공기업 중심의 경직적 구조를 완화하여 시장기능을 회복하고, 공기업 중심의 에너지 수급의 독점적 지배구조를 민간 참여로 확대함. 이를 통해 사업자 간 경쟁을 유도하여 소비자의 선택권을 확대함.

---

31) 손양훈, "에너지 정책의 개혁", 『대한민국 선진화의 길』, 한반도선진화재단, 2020.

- 에너지 가격의 급격한 변동에 능동적으로 대응할 조직을 정비하여 에너지 시장에 대한 투명성과 가격정보에 대한 접근성을 높임.
- 해외 자원 확보를 위한 전문기업을 지원 육성하고 금융기능을 강화함.

53. 시장원리에 따른 에너지 가격 현실화[32]

□ 시장원리를 도입하여 에너지 가격을 현실화하고, 에너지 산업의 시장 경쟁력을 높여 나감.

- 에너지 가격을 현실화하여 에너지 절약을 적극적으로 실천함. 가격의 현실화로 인한 고통을 최소화하는 대책 마련과 동시에 환경친화적인 생활문화를 유도함.

□ 공급 원가에 기반한 전력의 합리적 요금체계를 구축하고 실천함. 석유제품에 부과하는 에너지 세제에 환경비용을 내재화하여 합리적 소비를 유도하고, 도시가스와 연탄은 적정 원가를 반영하여 수요관리형 요금제도를 도입함.

---

32) 손양훈, "에너지정책의 개혁", 『대한민국 선진화의 길』, 한반도선진화재단, 2020.

54. 에너지 기반 파괴행위 중단과 원전산업 정상화[33]

☐ 미래지향적 국가에너지기본계획 및 전력수급기본계획 수립을 위해 국가 에너지 전략기능의 정상화와 신재생에너지 정책에 대한 신중한 접근이 필요함.

- 국가 에너지 전략기능 정상화를 위해 국가에너지기본계획과 전력수급기본계획을 재검토하고, 전문가 중심으로 미래지향적 에너지 계획을 수립함.

- 비싼 전원의 비중 증가로 공기업 적자가 누적되고, 신재생에너지의 무분별한 개발로 심각한 환경 훼손을 초래하는 무리하고 급격한 정책을 중단·조정함.

☐ 이념 지향의 탈원전정책을 폐기하고, 원전산업 생태계를 복구하여 정상화함.

- 파괴된 원전산업 생태계의 복구와 회생 방안을 수립하고, 원자력 부품과 기자재 공급기업의 지속가능성을 확보함.

- 기후변화와 '탄소제로 시대'에 부응하고 안전성과 경제성이 개선된 미래형 원자로인 소형 모듈 원자로(SMR) 활용을 추진함.

---

[33] 손양훈, "에너지정책의 개혁", 『대한민국 선진화의 길』, 한반도선진화재단, 2020.

□ 차기 정부는 2022.6월 지방선거 때 국민투표를 거쳐 원자력 발전정책의 중장기 기조를 확정함.

• 백년대계인 에너지 정책이 정권에 따라 오락가락함으로써 돌이킬 수 없는 피해를 유발하지 않도록 함.

55. 4차 산업혁명과 디지털 시대를 선도하는 노동법 개혁[34]

☐ 미래지향적 노동법의 개혁 방향은 기존 고용시스템의 극복, 고용 사회보장제도의 위험 완화, 플랫폼 경제의 확산과 AI(인공지능)의 출현에 대처하여 고용 창출의 동력을 확보하는 것임.[34]

- 기존 '한국형 고용시스템'은 기업에 고용 인력의 귀속·고착화를 전제로 인재에 대한 투자, 인사평가, 한정적 노동이동 등에서 발생하는 문제를 해결하는 것이지만, 4차 산업혁명시대에는 새로운 다양한 고용 형태로 진전되기에 기존 고용시스템을 통하여 해결할 수 없는 문제를 극복해야 함.

- 급변하는 환경변화로 신기술 및 숙련의 습득, 노동이동 등이 활성화되므로 고용시장 및 사회보장제도의 위험을 완화해야 함.

- 다양한 고용 형태와 신규 자영업자의 출현 등과 같이 플랫폼 경제가 확산하면서 새로운 근로조건 문제가 나타나고, 로봇 사물인터넷 AI 등이 출현하면서 정규근로와 비정규근로에서 '비(非)근로자화'로 변모되고 '노동시장의 양극화(불평등) 또는 이중구조화'가 사회 갈등으로 비화함.

---

34) 이승길, "노동 개혁", 『대한민국 선진화의 길』, 한반도선진화재단, 2020.

▫ 기존 고용시스템을 뛰어넘어 포스트 코로나 및 4차 산업혁명과 디지털 시대를 선도해 나갈 수 있도록 '노동법 개혁'을 통하여 새로운 고용형태에 적합한 고용 창출의 동력을 확보함.

56. 유연한 고용시스템 도입[35]

■ 공장형 노동법으로 경직된 '한국형 고용시스템'(멤버십형 고용)을 유연한 고용시스템으로 전환하기 위해서는 기간제 근로자의 사용기간 제한을 완화하고, 파견근로자의 파견 대상 확대('제조업 해금')와 함께 '직무능력·성과 중심의 임금체계'로 개편함.

□ 기간제 근로자의 일자리를 활성화하기 위하여 그 사용기간 제한을 당사자간 '자율적 합의'로 연장('5년')함. 특히, 생명·안전 관련 핵심 업무에 관한 사용 제한의 도입을 재검토함. 직무별 임금체계 개편을 통해 기간제 근로자는 정규직으로 전환을 유도하고, '이직 수당제' 도입은 재검토함.

〈표 16〉 외국의 기간제 사용 기간 비교

국가	사용기간
독일	- 2년(신규 창업시 4년) - 2년 내 3회 갱신 제한, 다만 단체협약이 있는 경우 갱신 횟수를 별도로 정할 수 있음
일본	- 5년(고소득 전문직 10년)
프랑스	- 9~24개월, - 1회 갱신만 가능
미국, 호주, 스위스, 핀란드, 캐나다	없음

---

35) 이승길, "노동 개혁", 『대한민국 선진화의 길』, 한반도선진화재단, 2020.

□ 파견근로자는 사용기간 제한을 완화하고, 당사자 간 자율적 합의로 사용기간 연장이 가능하도록 '파견법의 대상 및 기간 연장'을 통해 파견 규제의 합리화를 도모함.

• 파견법의 파견허용 업무를 포지티브 방식에서 '네거티브 방식'으로 확대('제조업 해금')하고, 특히 고용 창출 효과가 과도기적으로 높은 '뿌리산업'의 제조업과 사무업무에 우선 허용함. 또한, 기획, 연구, 기술직 등 '고소득 전문직 근로자'에 대해 사용기간 제한 예외를 인정하고 대상 기간을 완화함.

〈표 17〉 외국의 파견제 대상 기간 비교

대상 기간	국가
대상·기간 제한이 모두 없는 국가(15개국)	미국, 캐나다, 호주, 뉴질랜드, 영국, 독일(건설은 금지), 스위스, 스웨덴, 아이슬란드, 아일랜드, 슬로바키아, 덴마크, 핀란드, 헝가리, 오스트리아
대상 제한만 있는 국가 (4개국)	일본(건설/안전/의료/항만운송은 금지, 제조업 해금), 체코, 네덜란드, 그리스
대상 제한만 없는 국가 (1개국)	노르웨이
대상·기간 제한이 모두 있는 국가(10개국)	한국, 스페인, 프랑스, 벨기에, 포르투갈, 폴란드, 이탈리아, 멕시코, 터키, 룩셈부르크

□ 정규직의 고용 유연성을 확대하기 위해 해고제도(인사 이동)를 완화함.

• 인력의 원활한 이동을 위하여 해고시 '변경해약 통지제도' 및 '사용자의 금전보상제도'를 도입함. 아울러 겸업, 부업, 고용관계와 상관없는 근로

방법(원격근무) 등을 추진함.

- 노동법 및 사회보장법에서 1인 사업자와 자영업자 등 '독립도급 종사자', 프리랜서 등에 대한 '근로자 개념'을 재정립함.

☐ '직무능력·성과 중심의 임금체계'를 개편하고 합리적인 인사 운용을 유도함.

- '연공형 임금'체계에서 직무 내용을 명확히 하고, '성과형 임금'체계로 전환함.
- 취업규칙 불이익을 변경할 경우 '사회적 합리성'이 인정되도록 입법함.

57. 유연하고 다양한 근무방식 실현[36]

□ 유연하고 다양한 근무방식의 실현을 위하여 유연한 '신(新)근로시간법제의 재편'과 '한국형 화이트칼라 면제'를 도입함.

- 유연한 근무방식의 확대를 위하여 '신근로시간법제의 재편'을 추진함. 재량근로시간제(전문형 및 기획형)의 대상 확대, 근로시간 특례규정과 특별연장근로시간의 재편, 초과근로 등 가산임금 할증률의 적정한 축소(50%→25%), 재택근로(원격근로)의 시스템적 활성화, 유급주휴수당의 '무급화' 등을 추진함.

- 고임금 근로자군에 대한 근로시간 규제의 적용을 제외하기 위해 '한국형 화이트칼라 면제'(exemption)를 도입함. 업무 성과가 근로시간과 크게 관계없는 기획 연구직 등에 대해 연간소득을 기준으로 일정액을 초과하는 경우 근로시간 적용을 제외하고, 근로자에게 업무시간을 배분할 재량권을 부여하고 성과에 따라 보상함.

- 추가로 일한 시간만큼 근로시간을 저축해 한가할 때 휴가로 보상하는 '근로시간 저축계좌' 제도를 도입해 근로시간을 탄력적으로 조정함.

---

[36] 이승길, "노동 개혁", 『대한민국 선진화의 길』, 한반도선진화재단, 2020.

〈표 18〉 외국의 화이트칼라 면제제도

미국의 화이트칼라 이그젬션	- 관리직, 행정직, 전문직, 컴퓨터직, 외근영업직 근로자가 일정 수준 이상의 임금을 받으면 초과근로수당 및 최저임금 적용 제외
	- 소득 기준 : 연봉 10만7천달러 이상(2020년 기준)
일본의 고도 프로페셔널 근로제	- 고도의 전문적 지식을 가지고 업무 성질상 성과와 근로시간과의 관련성이 높지 않은 업무 종사자 중 일정 소득 이상일 경우 근로시간, 휴게 휴일 야간근로의 가산임금 규정 적용 제외
	- 소득 기준 : 연간 소득 기준 1,075만엔
독일 등 유럽	- 초과근로시간은 저축했다가 나중에 사용
한국	- 52시간이나 연관근무제한 없이 근무시간 방법을 재량껏 정하는 '재량근로제'를 운용(신제품개발, 금융투자·정보처리 설계 등) - 노사합의가 필요해 실제 도입하기 쉽지 않은 구조

58. 직무성과 중심의 임금체계 개편 및 개인 맞춤형 근로계약법 제정[37]

☐ 새로운 '직무성과 중심의 임금체계'로 개편함.

- 경직된 연공서열 임금체계를 개선하기 위해 직무능력, 성과 중심 인사, 임금체계 인프라를 구축해 직무능력에 따른 평가와 새로운 '직무성과 중심의 임금체계'로 개편함.

☐ 근로자의 개별적 니즈, 역량 수준, 전문성 정도에 따라 '개인맞춤형의 근로계약법'을 제정함.

- 개별근로자가 자유의사에 따라 근로 제공 방법과 근로조건을 결정할 수 있는 제도와 '근로계약의 효력 우위 규정'을 도입해 단체협약이나 노사협정에 대한 예외를 인정함.

---

37) 이승길, "노동 개혁", 『대한민국 선진화의 길』, 한반도선진화재단, 2020.

〈표 19〉 '개인맞춤형 근로계약법'의 제정

취지	• 민법의 특별법이나, 근로기준법과 달리 근로감독·벌칙은 이행 강제수단이 아님.
내용	• 당사자의 의사를 존중하는 계약자유를 폭넓게 인정하면서 세계화 등 상황 변화 및 취업 형태의 다양화를 염두에 둔 개방적 성격. - 현실적 관점에서 근로계약의 성립, 내용, 종료에 유연성을 지향.
특징	- 노사는 대등한 관계에서 합의하고, 취업실태에 따른 균형을 고려하면서 근로계약을 체결, 변경해야 함. - 사용자가 취업규칙의 불이익 변경 시 제반 사정에 따른 합리적인 변경이면 근로조건은 변경된 취업규칙을 따름. - 전출, 징계, 해고할 때 인사권의 권리행사가 권리남용이 아니라면 유효함.

59. 노사 간 힘의 균형 회복과 상생의 선진 노사관계 구축[38]

□ 경영환경 변화에 따라 산업 현장의 합리적 관행과 노사관계에서 힘의 균형을 회복하고, 파업권과 영업권의 균형을 회복하여 상생의 선진 노사관계를 구축해야 함.

- 노사 대등성을 심각하게 저해시키고 노동조합의 무분별한 고소·고발·진정으로 소모적 분쟁을 야기하는 것을 방지하기 위하여 '노동조합의 부당노동행위'를 신설하고, '사용자의 부당노동행위제도의 형사처벌 조항'을 삭제해야 함

- 노사 간 힘의 균형을 회복하여 생산적인 기업 활동이 정상화할 수 있도록 대다수 외국의 입법례와 같이 파업기간 중 중단된 업무수행을 위해 인력을 채용하도록 '대체근로를 전면 허용'해야 함.

- 불필요한 노사간의 대립과 갈등에 의한 파업 상황의 악화에 따른 피해를 방지하고, 근로자의 근로 자유를 보장하는 차원에서 '직장(시설)의 점거'를 금지해야 함.

- 쟁의행위 돌입의 합리성과 사용자 예측가능성 등 쟁의행위 절차적 공정성과 투명성 제고 및 절차적 정당성을 확보하기 위하여 '쟁의행위 찬반투표절차(기간과 횟수, 투표 유효기간)'를 입법 보완해야 함

---

38) 이승길, "노동개혁", 『대한민국 선진화의 길』, 한반도선진화재단, 2020.

60. 기업 및 노동조합의 사회적 책임 강화[39]

☐ 4차 산업혁명 및 디지털 기술발전에 따른 경영환경의 변화에 적응하기 위하여 '기업의 사회적 책임'(CSR) 못지않게 '노동조합의 사회적 책임'(USR)도 함께 강화해야 함.

- 기업의 사회적 책임과 관련해 기업의 환경변화에 따라 경쟁력을 개선하기 위하여 ESG(환경 사회 지배구조) 중에서 S(Social, 사회=사회적 책임) 분야로 기업경영활동 과정에서의 고용 및 노사관계 환경의 투명화 및 조성 책임을 강화해야 함.

- 기업의 사회적 책임으로 근로시간과 임금문제, 처우와 복리후생, 인재 육성, 산업안전보건, 다양성과 남녀간 격차, 이해관계자의 인권, 지역 공동체에 공헌 활동, 법률 준수와 공정한 사업관행, 고충처리 등에 관심을 제고해 기업과 사회가 함께 성공하는 공생관계를 구축해야 함.

- 노동조합의 사회적 책임은 사회의 주류 세력이 되어 그 책임이 막중하고, 노동조합의 기득권 유지로 노동시장의 유연성이 제약받는 것을 극복하기 위해 노동조합의 지배구조와 관련해 합법성·공정성·투명성을 견지하고, 노동조합의 회계 투명성의 제고로 횡령·배임을 근절해야 함.

- 노동조합 내 의사 표현의 자유 및 정보를 공유하여 협력사 근로자의 권

---

39 이승길, "노동개혁", 『대한민국 선진화의 길』, 한반도선진화재단, 2020.

리를 존중하며, 공정한 노동조합의 운영 관행의 정착 및 부패 방지를 위하여 위법한 단체협약에 대한 행정관청의 시정명령의 효력을 강화하고, 노동조합의 윤리강령을 정비해야 함.

- 지역사회에 대한 노동조합의 사회적 기부를 통한 자선구호 활동을 강화하기 위해 지역사회와 경험·자원·노력의 교환 프로그램을 개발 및 추진하고, 사회적 공헌 봉사활동에 대한 인센티브(세제 혜택, 포상 등)를 제공해야 함

61. 경제사회노동위원회 쇄신[40]

□ 경제사회노동위원회의 역할을 조정해 이해관계자의 전문성·책임성·신뢰성을 강화하는 '사회적 대화 기구'로 활성화함.

- 경제사회노동위원회 논의 결과를 '합의'에서 '협의와 조정'으로 변경하고, 참여 주체인 이해관계자(정부, 경제계와 노동계 대표)의 전문성 책임성 신뢰성을 강화해 사회적 대화 기구로서 그 운영의 중립성을 보장하도록 제도적으로 보완함.

---

40) 이승길, "노동 개혁",『대한민국 선진화의 길』, 한반도선진화재단, 2020.

7대정책

끊임없이 혁신하는
과학기술 강국[41]

혁신과 상생의 목표 아래 정치 중심에서 경제 중심국가로 나가려면 미래 준비형 정부개혁을 토대로 혁신주도경제로의 전환을 통하여 혁신과 창조의 과학기술 강국을 실현해 나가야함.

4차 산업혁명의 능동적 대응을 위한 혁신적 산업생태계 구축이 필요함. 국가연구개발체제를 구조·전략·문화의 혁신체계로 전환하여, 지식생산 → 연구개발 → 상용화 등 가치사슬의 전 과정과 변화를 반영함.

기존의 과학기술을 신기술(IoT, AI, 빅데이터, 로봇, 블록체인, AR/VR, 메타버스 등)과 융합하여 신성장동력을 도출함과 아울러 일자리 창출을 촉진하는 친(親)시장적 법과 제도개혁으로 혁신적 산업생태계를 구축함.

---

[41] 임기철, "과학기술혁신의 비전과 정책과제", 『대한민국 선진화의 길』, 한반도선진화재단, 2020.

62. 선도형 혁신생태계 구축

▫ 정부의 연구개발 투자 효과 제고와 '코리언 R&D 패러독스' 극복방안을 마련함.

• 융합기술 환경에 대응해 산·학·연 간의 '협업 R&D 체계(Co-creation)'를 강화하고, 전문가 주도의 선도형 혁신생태계를 작동하는 패러다임으로 전환함.

• KARPA(Korea-Advanced Research Project Agency) 체제를 도입하여 분야별 총괄기획관(NPD: National Program Director) 체제 아래 기술과 시장에 대한 안목과 역량을 갖춘 전문가로 운영함.
  - [예시] 기존 연구기관(STEPI, KISTEP, KISTI 등)의 핵심 또는 중복기능을 재조정하여 연구개발 기획 대형 싱크탱크를 설립, 국가의 미래 혁신정책과 연구개발사업의 총괄기획을 전담함으로써 전문가 주도형 체제를 구축함.

• 혁신 가치의 공동창출 패러다임 구축을 위한 '新산학연 협업체제 4.0'을 마련함.

• 대기업의 연구개발 지원 배제 원칙을 수정하고, 정부 연구개발사업 지원에만 의존하는 좀비형 중소기업을 퇴출함. '대기업-중소 벤처기업' 사이에 혁신성과를 공유하고 목표 달성의 신(新)협업구조 확산을 위한 정부의 지원을 강화함.

• 개방성 확대 및 연구기관 간 장벽 낮추기를 추진하고, 정부의 공공기관

관리와 통제 등 개입의 타당성 및 적정성에 대한 논의를 거쳐 '한국형 공공연구기관 선진화 방안'을 수립하여 시행함.

☐ 기술공급형 실용화체계로 인한 낮은 기술사업화 성과를 극복하고 기업과의 연계강화를 위해 수요 지향형 R&D 실용화체계로 전환함.

• 공공기관별 소규모 TLO(Technology Licensing Office: 기술이전조직)의 전문성 부족을 극복하고 실용화체계의 효율성을 강화하는 조직 규모화를 도모함.

63. 미래전략산업 육성

□ 팍스 코리아나(Pax Koreana)를 비전으로 삼고, 4차 산업혁명을 선도하는 미래 전략산업을 육성함.

- 차세대 반도체, 5G, 전기차와 배터리, AI, 바이오의약품, 소형원전 등에 관련된 규제와 법체계의 전면 개혁을 통해 글로벌 강국으로의 도약에 필수적인 혁신생태계를 구축함.

□ 소재 부품 장비 산업을 글로벌 가치사슬의 전략산업으로 육성 발전시켜 국제경쟁력 강화를 지원함.

- K-반도체, 배터리 산업 등 경쟁력 강화가 필수적인 기술·제품서비스를 목록화 → 전략적 우선순위와 포트폴리오 → 연구개발 전략 기획(전문가) → 기술혁신 생태계 활동으로 연결 → 혁신주체 자원배분 성과관리 → 국내시장 형성 → 글로벌 공급사슬 구조에 진입.
- 일본의 화이트리스트 배제 조치(2019.9) 품목을 비롯한 글로벌 수출입 규제대상 후보 핵심품목의 국산화를 정부가 집중 지원하여, 반도체 제조 장비를 비롯한 ICT 제조업 기반인 장비산업의 국산화율을 50% 이상으로 상향 조정함.
- 핵심 소재 부품의 연구개발은 장기적 과제이므로 정부의 재정 금융지원의 패러다임을 단기 지원에서 장기 지원으로 변경함.

□ 통신장비산업에서 국제표준을 획득하여 시장경쟁력을 확보하도록 지원함.

- 반도체와 전기차 배터리 산업의 미국 진출로 국제표준을 선도하기에 유리한 점을 활용하고, 전기통신 표준화 기구인 ITU, ANSI, 3GPP, IEEE 등에서 적극적 기술 외교를 전개하는 등 6G 통신체계 선점을 위한 5G 통신의 경쟁력 재점검 및 산업 인프라 장비산업 육성 전략을 수립함.

64. 포스트 코로나 시대 대응 및 디지털 전환 혁신 동력 확보

■ 4차 산업혁명의 핵심축이 되는 비대면 산업 육성 및 디지털 전환(DT)을 전산업으로 확대하여 혁신을 가속화함. 코로나19는 빅데이터 활용 활성화, 의료·물류·소매 등 오프라인 비즈니스의 온라인화, 스마트시티 AI를 활용한 위기관리 보건관리 등의 혁신을 촉진함.

☐ DT의 두 축은 '디지털 기술의 산업화'와 '산업의 디지털화'이므로 두 유형에 맞는 전략 수립 및 기업 지원 R&D 정책을 시행함. 전통 제조업 분야에 AI, 빅데이터, 스마트에너지 기술을 접목한 디지털 기업으로의 변신이 지속 가능한 경쟁력을 확보하는 관건임.

☐ DT를 저성장과 양극화 극복의 기폭제로 활용하고 규제개혁으로 신산업 태동을 촉진함.

- 사회 전반의 체질 개선과 변화로 추격형 경제에서 선도형 경제로의 전환을 견인함. 신산업 육성을 위한 규제체계를 '네거티브 규제'로 전환하고, 연구개발비와 벤처투자 관련 세제지원을 확대함.

- 산업의 스마트화, 혁신과 생산 네트워크의 다변화로 글로벌 가치사슬을 주도하도록 강화함.

65. 과학기술의 공공책무성 강화와 사회적 기여 확대

■ '팬데믹관리연구원(가칭)'을 설립하여, 글로벌 전염병의 예방과 사전 모니터링, 백신과 치료제 개발 등 연구개발 기획을 총괄하고, 산업계와 협업으로 '국가보건안보체계'를 구축함.

▢ 3안(安)(안전 안심 안보)사회 구축에 필요한 선제적 기술을 확보하여 3안(安) 관련 국가 현안을 과학기술 차원에서 예방하고 대응하는 역량을 강화함.

- 가습기 살균제〈안전〉, 코로나19〈안심〉, 북핵과 사드〈안보〉 등의 예방과 대응 역량을 강화하고, 긴급현안 대응 투자에 필요한 예비비의 R&D 사용 근거를 마련함.

- 국민의 불안감을 해소하고 정부의 위기 대응에 대한 신뢰 제고를 위한 토대를 마련하기 위해 '국민안전과학기술본부(가칭)'를 설치하고, 과학적 합리성을 바탕으로 각종 대형 사고와 재난, 재해 등 위기관리에 대응함.

▢ 공공대형 R&D를 적극적으로 추진하여 위험관리와 자원의 한계를 극복함.

- 기후변화와 '탄소중립시대'에 대비해 에너지 한계를 극복하고, 안전성

과 경제성이 개선된 SMR(소형 모듈 원자로) 등 미래형 원자로를 개발함.

- 미래 식량 및 에너지자원이 될 해양과 기후 기상을 연구하고, 우주개발 등에도 이바지할 수 있도록 정책을 강화함.

☐ 7대 국가생존기술(물, 식량, 에너지, 자원, 인구, 재해, 통일 등)에 대한 원천역량을 확보하고, 스스로 해결하고 극복할 수 있는 연구개발을 통해 관련 원천기술을 확보함.

66. 지역혁신생태계 거점 구축

☐ 지역 혁신역량 결집형 혁신체계를 구축하여 지역경제 발전을 북돋움.

- 혁신관련기관과 혁신도시를 하나의 지역 혁신 지원체계로 구축함. 이러한 기관으로 광역시/도 단위의 창조경제혁신센터, 테크노파크, R&D 특구, 중소기업진흥공단 지역본부, 출연(연) 분원, 지역 내 대학 등이 있음.
- 정부투자와 지역 혁신 인프라 간 공유·연계·융합을 통해 새로운 가치 창출체계를 조성함.

☐ '테크노파크와 창조경제혁신센터'를 지역혁신체계의 두 거점(Pole)으로 육성함. 이를 위해 공공부문 거점과 기업 지원 거점을 연계하여 혁신역량 및 혁신성과를 창출함.

- 지역의 기술시장 발전을 위한 R&D 서비스산업을 육성·지원함. 지역 혁신기업이 해외시장과 글로벌 자본시장에 진출할 수 있도록 지원하고, 기술사업화 및 기술시장 활성화를 위해 기술평가, 기술컨설팅, 기술시험분석, 기술금융 등을 지원함.
- 지역 기반 기업의 R&D 서비스산업을 육성함.

67. 혁신주도형 과학기술 행정체계 확립

■ 행정 관료 중심에서 전문가 주도형 과학기술 혁신 거버넌스 체제로 전환하여 자율성과 R&D 생산성 향상 및 성과 창출 극대화로 새로운 성장동력을 창출함.

□ 혁신생태계 구축은 정부와 기업의 역할 분담과 협력이 필수적임. 정부는 혁신조정자로서 소재·부품·장비 산업의 '혁신생태계 조성과 자율적 생태계를 구축'함. 나아가 규제개혁을 추진해 기업의 자율경영과 시장개척을 통해 신소재와 핵심부품의 혁신을 달성함.

• 과학기술 거버넌스는 국가과학기술자문회의와 국가과학기술심의회의 기능을 분리하고 역할을 분담하도록 개편함. 국가과학기술자문회의는 헌법기구로 최고통치권자에 대한 자문, 국가과학기술심의회는 행정위원회로 "과학기술혁신위원회(가칭)"가 설치되면 기능을 이관하고, 조직과 연구개발예산의 심의와 조정을 맡도록 함.

〈표 20〉 국가과학기술자문회의와 국가과학기술심의회의 역할

국가과학기술 자문회의	- 헌법기구로 최고통치권자에 대한 자문
국가과학기술 심의회	- 행정위원회로 "과학기술혁신위원회(가칭)"가 설치될 경우 기능 이관 - 국무총리 직속 위원회로 조직, 연구개발예산의 심의와 조정

- 제4차 산업혁명을 선도하는 '4세대 과학기술 행정체계'를 구축하기 위해 국가 과학기술 혁신 컨트롤 타워의 역할과 기능을 확충함. 전문가 주도형 혁신 거버넌스를 통해 중장기적인 과학기술 혁신정책의 전략 기획, 부처 간 사업과 예산의 효율적 조정, 부처 할거주의와 부처 간 연구개발사업예산 확보를 위한 과당 경쟁을 억지함.

〈표 21〉 과학기술혁신 컨트롤 타워 설치(안)

- 부서설치(안) -

1안) 연구개발 수행 독립 부처의 설치 : "과학기술혁신부(가칭)"
- 과학기술정보통신부의 연구개발 업무와 교육부의 대학 연구개발 지원 업무 등을 통합

2안) 과학기술혁신 관련 행정 컨트롤타워 설치

　2-1안) 청와대에 "과학기술혁신정책실(가칭)"설치:
- 과학기술과 산업혁신 관련 정책 총괄 수립 및 조정
- 국가안보실과 유사한 형태와 위상으로 설치, '국가 과학기술혁신 총사령탑(NCTIO: National Chief Technology Innovation Officer)' 기능을 수행

　2-2안) 대통령 직속 상설 행정위원회로 "과학기술혁신위원회(가칭)" 설치
- 과학기술혁신본부를 확대하여 범부처 차원의 과학기술혁신 정책의 수립 · 심의 · 조정 역할을 하는 최고 수준의 의사결정기구로 신설
- 국가과학기술자문회의 등으로 산재 된 심의 · 조정 기능의 이관 및 4차산업혁명위원회 기능 흡수
- 전문가 참여 확대 및 재정부처로부터 연구개발 예산 전체의 배분 조정권을 위임

　2-3안) 재성무저 내 "과학기술혁신기획청(가칭)"설치
- 재정부처 산하에 연구개발예산의 총괄기획 · 배분 · 조정 · 평가를 전담하는 차관급 전문가형 조직

 **8대정책**

새로운 국제경제질서 연착륙과 선도

4차 산업혁명과 미중의 패권 경쟁으로 인해 국제경제질서의 재편이 예상됨. 특히 1990년대 이후 형성된 중국 중심의 국제 공급망이 가치를 중심으로 재편되고 있음. 향후 20여 년 이어질 이번 질서 재편을 선도하고 그에 적응하는 게 중차대한 과제임.

68. 블록체인 기반의 금융산업 육성[42]

☐ 블록체인에 기반을 둔 금융산업 환경변화에 적극 대응함. 중앙은행의 디지털화폐(CBDC)와 민간 암호화폐가 공존할 것으로 전망되며, 전 세계의 약 80% 중앙은행이 디지털화폐를 시범 운용하거나 준비 또는 연구 중임. 중앙은행 디지털화폐 등장에 본격적으로 대응하는 개혁 방안을 마련함.

〈표 22〉 주요국의 디지털화폐 추진현황

	개발단계	발행목적
미국	- 시범 운영 준비	달러화 위상 제고
일본	- 개념 검증 - 암호화폐 국제결제 네트워크 개발 중	- 엔화 위상 제고
중국	-시범 운영 -국제은행간통신협회(SWIFT)와 공동출자해 합작법인 설립	위안화 위상 제고, 2022년 동계올림픽 전후 사용 계획
영국	모델 수립	파운드 위상 제고
프랑스	개념 검증 준비	유로화 위상 제고
스웨덴	시범 운영 준비	현금 사용감소 대비
싱가포르	JP Morgan과 블록체인 기반 국제결제네트워크 개발(2019)	
한국	시범 운영 준비	

---

42) 오정근, "요동치는 암호화폐시장", 『한선 프리미엄 리포트』 370호, 한반도선진화재단, 2021.6.3

☐ 블록체인 기반 핀테크 산업을 육성함. 인터넷 은행을 신규로 인가하고, 현금 없는 세계화에 대비하여 제도를 개혁함.

☐ 암호화폐(가상자산)를 **최소한** 금융자산으로 인정하고, '필요한' 법규·규정·가이드라인을 제정하여 투자자 보호 대책을 마련함.

- 자금세탁방지, 해킹 방지 시설 등 가상자산 거래소 등록기준을 정립함.
  - 현재 가상자산 거래소는 통신판매업자로 간주해 현황 파악이 허술함.

- 암호화폐(가상자산) '업권법'을 제정하여 투자자 보호대책을 마련함. 거기엔 가상자산 거래소 상장 규정을 제정하고, 금융당국이 관련 규정에 따른 가상자산의 상장을 심사하고, 가격 상하한선 도입과 함께 서킷 브레이크(circuit breakers) 등의 내용이 포함되어야 함.

69. 글로벌 공급망 변화에 적극 대응[43]

▫ 글로벌 공급망 변화에 적극적으로 대응해 공급망 다변화, 내부 공급망 강화, 국내기업의 U-턴 대책을 추진함.

• 해외 공급망을 다변화하여 한국산업의 일본과 중국 의존도를 낮춤. 통상협력을 강화해 보호무역 장벽을 완화함.

• 기업의 탈한국 현상을 제어하기 위해 국내 공급망을 강화함. 장비 국산화·첨단화를 촉진하며 스마트공장을 구축하여 생산성을 향상하고, 품질 수준과 부가가치를 높여 나가야 함.

• 해외진출기업의 국내 복귀를 촉진하도록 생산 자동화 설비 투자증대를 위한 세제 및 금융 지원과 복귀한 기업의 스마트공장 구축에 대한 지원을 확대함.

▫ 디지털 통상시대에 대비해 통상협정을 선도하는 환경정비가 필요함.

• 디지털 무역과 투자에 대한 국제규범을 제정하여 글로벌 경영환경에서 경쟁력을 확보함.

• 디지털 통상규범의 주체가 되기 위한 환경정비 차원에서 개인정보보호 수준을 설정하고 데이터 보안 정책에 대한 사회적 동의를 확보함.

---

43) 최준선, "코로나 19 이후 국제경제질서 재편 과제", 『코로나시대의 새로운 것들』, 한반도선진화재단, 2020.

70. ESG 경영과 에너지·기후위기 대응[44]

■ ESG에 대한 한국기업들의 대응은 상대적으로 뒤처진 상태임. 글로벌 투자기관의 기준인 ESG 경영을 독려함.

□ 국제규범 ESG 지수를 도입하여 기업 스스로 자율규제 차원에서 친(親)사회적, 친(親)환경적, 친(親)지배구조 환경을 조성하도록 촉진함.
- 정부도 ESG 지수에 이념적 정치적 기준의 규제항목은 배제하고, 지배구조 부문에서 기업경영의 투명성을 강조함.

□ 탄소중립 실천계획을 수립하고 이행함. 녹색전환 투자기금 조성 및 업계 자금지원, 탈탄소 전환을 위한 기존 주력산업(석유, 철강, 시멘트 등) 지원, 탄소중립 기술개발 및 부처 간 협력시스템 구축 등을 추진함.

□ 탄소경제에서 수소경제로의 전환에 대비하여 수소 관련 전문인력을 양성하고, 산업구조 재편에 따른 금융·세제를 지원(수소 미래 전용펀드 조성 등)함.

---

44) 강성진, 『ESG 미래현황과 과제』, 한반도선진화재단, 2021.

71. 녹색 기술의 국제표준화 선도

■ 녹색기술 산업을 성장 동력화하고 국제표준을 선도하려면 원천기술과 상용화 기술을 확보하고, 에너지 및 환경기술을 미래전략산업으로 육성해야 함.

□ 녹색기술의 국제표준을 선도하기 위해 녹색기술의 조정체계 구축과 부처 통폐합이 이루어져야 함. 진입 및 투자규제를 철폐하여 민간투자를 활성화하고, 국제협력체제를 구축하여 대외진출 여건을 개선하며 에너지 관련 중소·중견기업 육성을 위한 장기 R&D 프로그램을 확대하여 에너지기술의 수출산업화를 지원함.

• 녹색기술 산업의 핵심 원천기술 및 상용화 기술을 조기에 확보함. 기술투자와 제도개선, 인터넷과 무선전화망의 성공적인 경험을 활용하여 새로운 에너지 시스템의 테스트베드를 구축함.

• 신재생에너지, 탄소 저감, 스마트그리드, 차세대 이차전지, 전기자동차 분야 등의 에너지 리소스 기반을 혁신적으로 확대하고, 국제표준과 제품인증 기준의 국제화를 통해 시장확보 기반을 마련함.

• 에너지 및 환경 기술을 미래전략산업으로 육성하여 새롭고 혁신적인 기술개발을 통해 기후변화에 대응함.

▫ 에너지원의 다양화를 모색함. 에너지와 환경 분야의 기술개발과 새로운 기술의 컨버전스가 원활하게 작용할 수 있도록 유도함.

• 신재생에너지, 2차전지, (수소)전기자동차 등의 시장 인프라 구축을 지원하고, 통신 및 IT 기술과 전력시장의 통합을 모색함과 아울러 스마트그리드 시스템을 구축하는 판매경쟁제도를 도입함.

72. 초록사회 구현과 에너지 섬 극복[45]

□ 기후변화에 대응하는 안전사회를 구축하고 초록사회를 구현함.

- 도시의 대기오염을 관리하기 위해 도심 대기관리지역(LEZ)을 확대하고, 대기질 건강지표(Air Quality Health Index)를 개발하고 정보를 제공함.
- 청정에너지원을 지향하는 에너지 믹스(energy mix) 정책을 추진함.
  - 원자력 선택의 불가피성에 대한 국민적 수용성을 확보하여 원자력 발전을 재개
  - 신재생 에너지원은 가용잠재력 범위에서 활용

□ 에너지 섬(Energy Island)의 한계를 극복하기 위해 동북아협력을 강화함.

- 미세먼지 감축 방안에 대한 한중 간 정책 공조를 강화함.
- 한·일·중·러 에너지 정책 공조를 강화함.
- 통일 이후 남·북·러 전력망 연계 방안에 대한 대책을 마련함.

---

45) 이한준, "미래지향의 국토건설", 『대한민국 선진화의 길』, 한반도선진화재단, 2020.

73. 기후변화 대응 역량 강화와 에너지 소비 절감[46]

■ 기후변화 대응 역량을 강화하는 기조로 전환하고 에너지 소비 절약을 적극적으로 추진함.

□ 기후변화 대응의 기조를 소극적인 방어보다 적극적이고 선제적으로 대응하는 방향으로 전환함.

- 온실가스와 에너지 목표관리제를 통한 강력한 에너지 수요관리 시스템을 구축하고, 감축 목표 지향적인 합리적인 목표설정과 이행을 지원함.
- 국가 온실가스 감축목표 달성을 위한 세부 업종별 감축 대책 수립, 자발적 감축 활동의 활성화 지원 등 본격적인 이행단계 계획을 수립함.
- 온실가스 감축을 위한 '온실가스배출감축지원법'을 제정하여 중소기업 등 취약 분야에 대한 감축 기반 지원 및 감축 투자를 활성화하고, 온실가스 관련 무역 조치 등 글로벌 규제강화에 대비한 주력업종별 대응 방안을 마련함.

□ 적극적 에너지 소비 절약을 추진하기 위해 에너지효율 개선과 기술혁신, 녹색생활과 절제 의식의 확대 및 환경 교육을 강화함.

---

46) 손양훈, "에너지정책의 개혁", 『대한민국 선진화의 길』, 한반도선진화재단, 2020.

- 에너지 저소비·고효율 사회를 구축하기 위해 부문별(산업, 수송, 건물) 에너지 수요관리 혁신을 통한 에너지 절감, 친환경 세제 개편, 건물, 교통, 물류의 스마트 혁명을 유도해 경쟁력 강화와 함께 친환경적 인프라를 구축함.

- 환경친화적인 삶과 문화에 대한 긍정적 인식이 확산하도록 친환경 마을 조성 및 친환경 운동 등 자발적인 녹색생활 실천을 지원함.

- 다층화된 교육자료와 프로그램을 개발하고 보급해 에너지 자원 및 환경교육을 강화함. 이를 통해 친환경적인 삶이 아름답고 고급스럽다는 인식을 확산함.

74. 미래산업·기술 지원 및 혁신생태계 조성

☐ 민간중심의 기술 및 산업생태계를 구축하도록 정책적, 제도적 인프라 구축을 통해 미래기술 및 미래산업을 발굴하고 유니콘 기업을 육성할 수 있는 기반을 마련함.

- 미래기술로는 6T(Agricultural Technology, AT; Bio Technology, BT; Contents Technology, CT; Environmental Technology: ET; Nano Technology, NT; Space Technology: ST)가 있음.

- 탄소 중립은 탄소시대에서 수소시대로 전환하는 것임. 수소발전소, 수소환원제철소, 수소차 등의 시대로 진입하기 위해 인프라를 구축하고, 제도를 정비함.

☐ 민간주도의 혁신생태계를 조성하기 위해서는 민간의 자생적 참여를 위한 사회·경제적 환경을 조성하고, 혁신시스템을 도입하기 위한 인프라가 구축되어야 함.

- 정부 의존적 연구개발 시스템을 민간중심 연구개발 시스템으로 개혁하여 민간이 자생적으로 참여할 수 있는 환경을 조성함.

- 혁신시스템의 인프라 도입을 위한 정부 역할은 원천기술 및 생태계 형성과 관련된 정보(시장분석, 지역의 자원 및 유관기관에 관한 정보, 성과측정 등)를 제공하고, 경제활동의 집중과 집적에 적합한 최적의 입지를 선정하며, 연구비를 조정하는 중립적 제도를 마련하는 것임.

▫ 유니콘 기업으로 발전하기 위해서는 규제완화와 첨단분야의 스타트업 육성을 위한 제도 정비 등이 필요함.

- 유니콘 기업은 미화 10억 달러가 넘는 비상장 스타트업 기업을 의미하며 2021년 6월 기준으로 총 703개의 기업이 존재함.
  - 총 703개 중 미국 371개, 중국 138개, 한국 10개임.

- 유니콘 기업의 육성 및 퇴장을 활성화하기 위해 '창업(투자) → 성장 → 회수 → 재투자'로 이어지는 생태계가 구축될 수 있도록 규제 완화 및 제도적 지원이 필요함.

- AI, 드론, 클라우드센터, 에듀테크 등 첨단분야의 스타트업을 육성하기 위해 개인정보보호법, 의료법, 교육법 등을 정비하고, 차등의결권 부여, 기업형 벤처 캐피털 규제 완화 등 스타트업의 투자 회수를 지원하는 등 자본시장을 개혁하며, 핵심 인력 양성을 위한 대학의 학과 정원규제 유연화 등 제도를 개선함.

- 메타버스(현실과 가상세계 융합) 및 분야별 플랫폼 육성을 지원함.

- 유니콘 기업의 기업공개(IPO)와 함께 이들을 지원하는 글로벌 투자유치 펀드를 조성함.

제4대 전략

조화로운 포용 사회와 국민통합

4대 전략	9~10대 정책	75~103개 과제
조화로운 포용 사회와 국민통합	⟨9대 정책⟩ 학습 – 성장 – 고용 – 복지의 선순환	75. 조화로운 포용 사회 구축을 위한 종합사회정책 수립 76. 교육개혁을 통한 노동력의 생산성 향상 ◆ 국제경쟁력 향상을 위한 교육개혁 77. 하이테크 하이터치 학습 혁명 78. 미래사회 변화에 대비한 미래 교육 79. 대학의 자율성 보장으로 학문풍토 조성과 교육경쟁력 제고 80. 9월 신학기 제도 도입 81. 자유민주주의 교육체계 정립 ◆ 다층복지체계 구축으로 복지의 질 향상 82. 사회발전정책으로 기조 전환 83. 한국형 복지국가의 원칙 84. 국민연금 시스템 개혁 85. 민간 사회보험의 활성화 86. 부(負)의 소득세 도입 87. 기초생활보장형 +기회보장형 기본소득 도입 88. 다층의료보장시스템 구축 89. 원격의료 활성화 90. 한국형 주거복지 모델 개발 91. 청년의 꿈을 실현하기 위한 종합정책 수립과 실행 92. 기본소득은 기본감세로, 기초생활보장제도는 기초사회 서비스로 93. 청년들의 주거 –결혼 –출산의 선순환 구조 유도
	⟨10대 정책⟩ 문예부흥과 소프트 파워 향상	94. 2030 코리아 그랜드 르네상스(Korea Grand Renaissance: KGR) 구현 95. 문화창조 역량 극대화 96. 문화산업 및 문화재정에 대한 새로운 인식 정립과 제도 개선 97. 고품격 문화국가로 도약 : 문화산업 5대 강국 98. 5대 콘텐츠 강국 전략 및 제도 정비 99. 문화교류의 허브 국가화 100. 국민의 문화 향유 기회 확산 및 기반 조성 101. 문화기반 관광의 고도화·고품격화·고부가가치화 102. 글로벌 스포츠 선도국가로 도약 103. 헌법 가치와 문화가치의 연계

4대 전략

조화로운 포용 사회와 국민통합

11~12대 정책

〈11대 정책〉 품격과 여유를 갖춘 국토 개조

〈12대 정책〉 여성 친화적인 양성 평등

104~119개 과제

104. 품격있는 국토 공간서비스를 위한 정책 기조의 전환
105. 사회경제적 변화에 따른 국토·교통 패러다임의 재구조화
106. 미래성장동력 창출을 위한 국토 기반 구축
107. 교통·물류의 글로벌 경쟁력 강화
108. 토지이용의 공공성 제고
109. 시장기능을 존중하는 주택정책으로 전환
110. 부동산 공시가격 평가의 공정성 확보
111. '토지공개념'에 관한 오해와 위험을 경계
112. 풍요롭고 더불어 사는 농산어촌 건설
113. 건강하고 안전한 삶을 보장하는 환경 조성
114. 품격있는 향유와 여유로운 국토의 조성

115. 여성우대에서 양성평등으로 정책 패러다임 변화
116. '엄마 연금'을 도입해 출산과 보육 동기 강화
117. 생활 동반자 신고제 도입
118. 미혼모와 한 부모 가족에 대한 맞춤형 지원
119. '육아휴직 아빠 할당제' 도입

 **9대정책**

학습 - 성장 - 고용 - 복지의 선순환

지속적 성장이 이루어져 성장의 과실이 사회 구성원에게 골고루 분배되고 소외된 개인과 공동체를 보듬는 포용 사회를 만들어나가야 함. 조화로운 포용 사회는 (평생)학습-성장-고용-(생애 전주기) 복지의 연계 고리를 통해 시대에 부응하는 평생학습, 성장, 일자리를 만드는 유연한 노동시장, 생애 주기에 걸친 든든한 사회안전망의 선순환을 도모함.

75. 조화로운 포용 사회 구축을 위한 종합사회정책 수립[47]

☐ 학습-성장-고용-복지의 황금 사각형 모델(Golden Quadrangle Model)에 기반을 둔 적극적 사회정책을 추진함.

- 사회·경제적 양극화 문제는 상호의존적 속성이 있으므로 분절적 정책이 아니라 상호연계되는 사회정책을 추진함.

- 급속한 기술발전(4차 산업혁명 등)으로 급격한 일자리 소멸과 창출 등 일자리 구조변화에 적극적으로 대처함.

- 기술 숙련도별 일자리 구조가 항아리형(과거) → 일자형 → 장구형으로 변화할 전망

☐ 노동의 유연성이 지속성장의 기반이 되고 포용적 성장을 좌우함.

- 기업이 외부 환경변화에 따라 신속하고 효율적인 노동력을 활용하는 노동 유연성이 담보돼야 경제성장과 양질의 일자리 창출이 가능함. 또한, 임금은 경영성과에 연동되어야 함.

- 해고노동자에게 경제적 지원과 직업훈련을 제공하는 사회안전망을 확충해 해고자의 경제적 안전성을 확보함.
  - 기업이 필요로 하는 새로운 기능 인력에 부응하는 재취업 교육 과정 이수
  - 소요 비용은 대부분 재정(국민 세금)으로 충당

---

47) 김원식, 『탈(脫)코로나를 위한 사회 복지정책』, 한반도선진화재단, 2021.5

□ 학습(재교육)을 통한 고용 확대와 고용 친화적 포용복지를 추구함.

- 적극적인 교육 훈련을 통해 해고자의 역량을 연마하고, 직업교육 수료 후 일정 기간 이내 재취업을 유도하며, 재취업을 거부할 경우 실업급여 자격이 상실되도록 함.

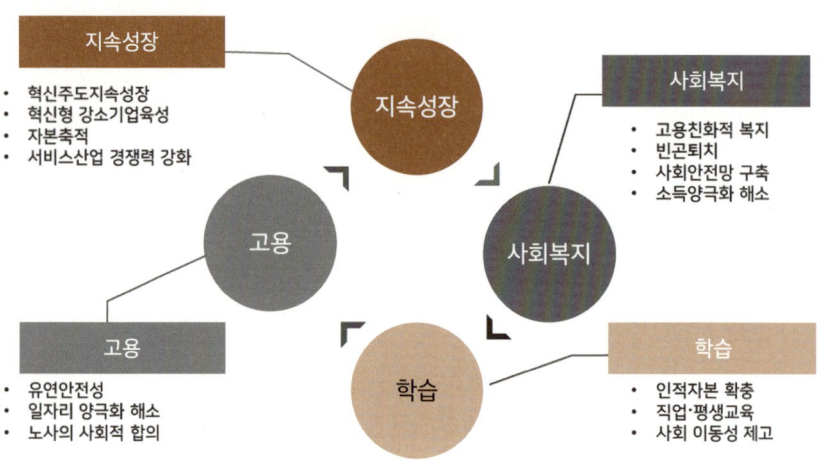

〈그림 5〉 황금 사각형 모델

76. 교육개혁을 통한 노동력의 생산성 향상[48]

■ 미래 노동시장 수요에 적응할 수 있도록 기술변화에 따른 직업·평생교육을 강화하여 노동력의 생산성 향상을 촉진함.

□ 노동시장 수요에 대응해 노동력의 숙련도를 향상시킴.
- 미래의 노동시장 수요와 지식기반 경제에 필요한 핵심역량을 갖추도록 교육과 훈련을 강화하여 생산성과 취업 역량을 강화함.
- 공식·비공식·교육·훈련 제도의 성과를 높이고 시대 추세에 걸맞게 자격제도를 갱신함.
  - 모든 시민을 위한 e-learning의 개발 및 확산
  - 교육·고용·훈련을 받지 않고 쉬는(NEET: Not in Education, Employment or Training) 청소년 수를 줄여나감.
- 평생학습을 대폭 강화해 노동력의 질을 끌어올리고 적극적 고령화(active ageing) 정책을 개발함.

□ 인력 수급의 불일치를 완화하기 위해 one-touch 고용정보망을 구축하여 구직활동의 장애 요인을 제거하고 산학연계를 통해 '학교로부터 직장으로의 이행'을 지원함.

---

48) 유길상, 『고용과 복지를 연계를 통한 사회안전망』, 한반도선진화재단, 2015.

<그림 6> one-touch 고용정보망 구축(안)

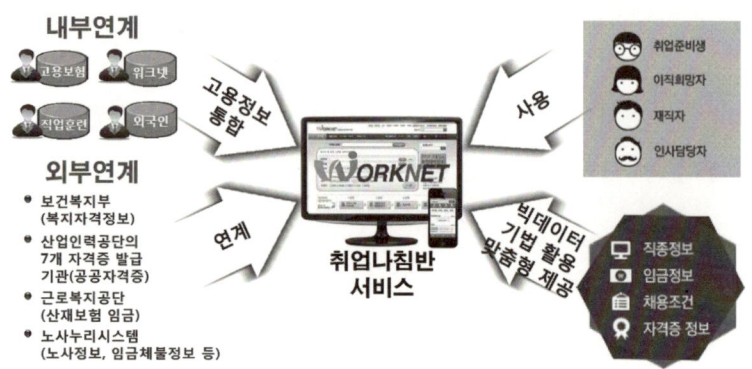

자료: 유길상, 『고용과 복지의 연계를 통한 사회안전망』, 한반도선진화재단, 2015.10, p. 24.

□ 취업에 애로를 겪고 있는 모든 사람은 구직등록 후 특성에 따라 맞춤형 일자리 탐색이 가능하도록 하여 유연한 맞춤형 고용 서비스를 제공하고 구직자의 적극적 구직활동을 촉진함.

- 취업자 유형에 따른 맞춤형 제도를 도입함.
  - 유형 Ⅰ: 기초생활수급자 등 저소득층 구직자
  - 유형 Ⅱ: 청년층, 중장년층 구직자

<표 23> 맞춤형 고용의 단계별 접근 방안

사전단계(2주)	취업 장애 제거 및 취업 의욕 고취
1단계(2~4주)	진단, 의욕 증진, 경로 설정 (참여수당 지급)
2단계(6개월)	직업능력, 직장 적응력 증진 (훈련 참여 지원수당 지급)
3단계(3개월)	집중 취업 알선 (취업성공수당 지급)
사후관리(3개월)	직장 적응 및 자립 지원

<그림 7> 구직자 맞춤형 기본 모형(안)

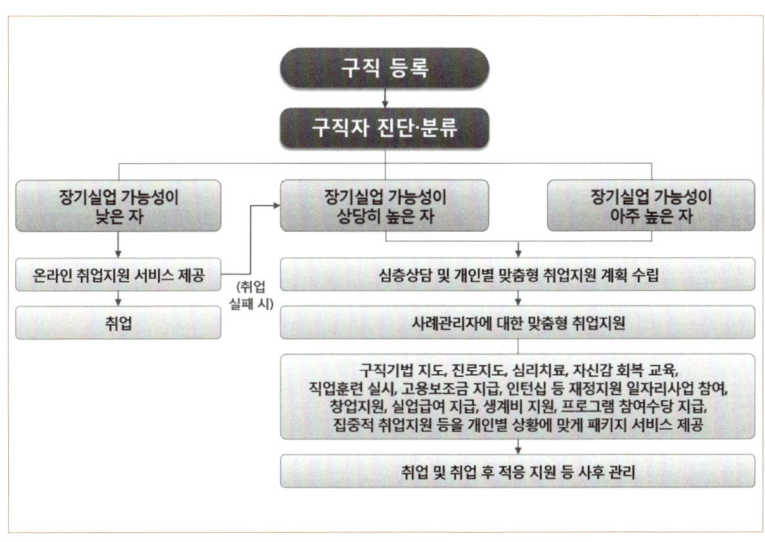

자료: 유길상, 『고용과 복지의 연계를 통한 사회안전망』, 한반도선진화재단, 2015.10, p. 12.

77. 국제경쟁력 향상을 위한 교육개혁: 하이테크 하이터치 학습 혁명[49]

■ 4차 산업혁명 시대 학교 학습현장에서 인공지능(AI: artificial intelligence)을 활용한 하이테크 하이터치의 학습혁명으로 완전학습을 실현함.

□ AI를 활용한 수업 및 평가방식으로 완전학습(Mastery Learning)을 실현함.

- AI와 교사의 역할을 분담하여 맞춤형 교육과 수준별 교육을 시행함.
  - AI를 활용해 학습경로 안내를 받아 개인의 수준에 적합한 맞춤형 교육
  - AI를 활용해 기피 과목(수학, 과학, 통계, 회계 등)에 대한 수준별 교육
  - AI를 활용해 기초학력 미달 학생의 역량 향상

- 교사 중심의 일방향 강의식 수업으로부터 학생 중심의 양방향 수업으로 변경함.
  - 거꾸로 학습, 온라인학습, 하브루타 학습, 프로젝트 학습 등
  - 평가도 4지(5지) 선다형 평가로부터 에세이 테스트(Essay Test)로 전환
  - 2017년 폐지된 '국가수준 학업성취도 평가' 제도를 부활해 기초학력 미달 학생이 많은 학교와 지역을 확인하고 추가적 재정지원으로 이들을 줄이려는 노력을 강구

---

49) 김태완, 『교육개혁』, 『대한민국 선진화의 길』, 한반도선진화재단, 2020.

□ 하이테크 하이터치 교육을 통한 역량 중심의 학습혁명을 실현함.

- 미래 교육은 지식을 적용, 분석, 평가, 창조하는 역량 중심의 교육에 중점을 둠.
  - 현재의 지식 중심 교육을 기초로 하여 이에 역량 중심 교육을 추가

- 현재 교사가 담당하고 있는 지식 전수의 역할은 AI가 담당(High Tech)하고, 교사는 학생과 함께 지식을 적용, 분석, 평가, 창조하는 수준(High Touch)의 교육을 담당함.

□ 하이테크-하이터치의 학습 혁명을 위한 인프라를 구축함.

- 유·초·중고등학교의 코딩(Coding)교육을 주당 1시간으로 강화하고, 모든 학교에 와이파이(Wi-Fi)를 설치해 하이테크 교육을 위한 ICT 인프라를 구축함.

- 기존의 디지털 텍스트에 AI 기능을 접목한 교재의 재개발 및 활용을 촉진함.
  - 이미 개발된 언어, 수학, 과학 디지털 텍스트(Digital Text)에 맞춤형 평가와 학습 안내를 포함해 AI 기능을 수행할 수 있도록 교재를 개발하고 학교 교육에 활용

78. 국제경쟁력 향상을 위한 교육개혁: 미래사회 변화에 대비한 미래 교육[50]

■ 모든 아동과 청년이 자신의 미래를 계획하고 실천할 수 있는 지식과 능력을 함양하고, 바른 마음(Righteous Mind)과 창의적 문제 해결 능력을 개발하는 미래 교육을 강화함.

□ 모든 아동과 청년이 자신의 미래를 계획하고 실천할 수 있는 지식과 능력을 함양하는 교육을 강화함.

- 한 명의 아동과 청년도 뒤처지지 않도록(No Child Left Behind) 하는 정책을 정립하고 실행함.

- 자유롭고 행복하게 살 수 있는 건강하고 성숙한 미래사회의 가치창조에 이바지하는 교육을 펼침.
  - 인공지능(AI)의 초지능성(Hyper Intelligence) 시대와 인터넷의 초연결성(Hyper Connectivity) 시대에 대비한 능력을 배양

- 모든 아동과 청년이 자유자재로 인공지능(Artificial Intelligence) 등을 활용할 수 있는 능력 개발 교육을 강화함.

---

[50] 김태완, 『교육개혁』, 『대한민국 선진화의 길』, 한반도선진화재단, 2020

□ 바른 마음(Righteous Mind)의 덕목교육과 협업을 통한 문제 해결 역량 교육을 강화함.

• 아동과 청년 시절부터 공정하고 정의로운 사회를 만들기 위한 인간의 가장 중요한 덕목인 바른 마음을 갖도록 덕목 교육을 강화함.

• 빅데이터 분석 등 협업을 통해 집단지성을 발휘해 사회의 다양한 이해관계와 갈등을 순화할 수 있는 환경을 조성함.

79. 국제경쟁력 향상을 위한 교육개혁 : 대학 자율성 보장의 학문풍토 조성과 교육경쟁력 제고

■ 헌법 31조④에 규정된 대학의 자율성 보장 정신에 걸맞게 대학의 자유, 자율, 개방의 원칙을 모든 고등교육 정책에 적용함.

☐ 고등교육 관련법을 일몰 방식으로 전면 개편하여 대학에 대한 정부규제(입학제도, 정원제도, 등록금제도, 학사 운영방식 규제 등)를 폐지함.

- 교육부의 대학별 재정지원제도를 폐지하는 대신 모든 대학지원 예산을 연구재단으로 통합하고, 연구재단이 연구하는 교수(연구교수단)에게 대규모로 직접 지원하는 체제로 전환함.
  - 교육부는 여러 가지 재정지원 프로그램을 통해 대학을 통제하고 있으며, 대학은 교육부 재정지원 금액이 적지 않기에 교육부 요구와 지시에 마지못해 순응함.
  - 연구재단을 통해 우수한 교수(연구교수단)에게 대규모 연구비를 직접 지원하면, 대학은 좋은 교수를 유치하기 위해 서로 경쟁하면서 대학 발전을 유발할 것임.

- 정부의 재정지원을 받지 않고 자립 운영하는 '자율형 사립대학'에 대해서는 일체의 규제를 배제해 대학 자율의 학문풍토를 조성함.
  - 대학은 학생정원과 등록금 등 정부의 각종 규제로 인해 미래를 열어갈 수 있는 자율적인 연구는 물론 세계적인 경쟁력을 갖출 잠재력도 미비함.

- 대학평가는 대학교육협의회와 같은 자율적인 기관이 수행하고, 평가 결과는 대학 정원 결정 등에 영향을 주지 않도록 함. 동시에 대교협에 대한 정부의 지원과 통제는 폐지함.
  - 정부의 재정 지원과 연계된 대학평가로 인해 특성이 다른 대학이 자발적이고 독자적인 발전계획에 따라 서로 차별되는 방향으로 발전하지 못하고 있음. 대학평가 결과가 대학 정원 결정 등 대학 통제 방법으로 사용되어 대학의 다양성 훼손과 경쟁력 추락의 원인으로 작용함.
- 대학 입시는 대학 자율로 결정 운영하도록 해서 대학별 건학이념과 특성에 맞게 학생을 선발할 수 있도록 함.
  - 정부가 대학 입시에서 수시와 정시의 비율을 정하여 대학에 지시하는 등 다양한 규제와 간섭을 하고, 이를 따르지 않으면 재정지원 등에 불이익을 주고 있음.

☐ **한계 사립대학 구조조정 법령인 '사립대학 구조조정 관련 법'을 조속히 제정하여 한계 사립대학이 쉽게 퇴출되도록 함.**

- 학령인구 감소로 인해 한계 사립대학의 구조조정은 불가피하며 한계 사립대학의 자신 퇴출 시스템 도입이 시급함.
  - 신입생 미충원 급증: 4만 명(2021년) → 10만 명(2024년)
- 교육부 고위직 출신의 사립대 총장 임명을 제한하여 교육부-사립대의 유착을 차단함.
- 국공립대학 통폐합 및 전공 학과를 시대에 맞게 통폐합함.

□ 적극적인 교육시장 개방을 통해 교육경쟁력을 강화함.

• 좋은 학교의 출현은 교육시장 개방 여부에 따라 결정되며, 교육서비스 산업은 선진국처럼 산업적인 마인드로 접근해야 함.
  - 교육시장을 개방해 성공한 홍콩과 싱가포르는 국가 이미지 개선에 기여함.
  - 사회주의 국가인 중국도 교육시장을 개방하였음.

• 교육시장을 개방하여 미네르바스쿨(Minerva School) 등과 같은 다양한 미래 교육의 발전 토대를 구축함.

80. 국제경쟁력 향상을 위한 교육개혁: 9월 신학기 제도 도입[51]

■ 한국의 신학기는 3월이지만 북반구의 대학들은 대부분 9월 신학기제를 운영하고 있음. 이런 신학기제 시작 시기의 차이로 유학생들은 시간적 손실을 보고 있음.

☐ 9월 신학기 제도를 도입하여 학기 시작 차이로 인한 유학생들의 시간적 손실을 방지함.

• 수십만 명의 학생들이 더 좋은 교육을 받기 위해 국가 간 이동을 하지만 3월에 신학기를 시작하는 국내 학기제와 9월에 신학기를 시작하는 국제 학기제의 차이로 인해 1년 정도의 시간적 손실을 보고 있음.
  - 좋은 대학과 학교의 70%가 북반구에 있으며, 9월 신학기제로 운영

• 9월 신학기 제도가 본류이고 3월 신학기 제도는 작은 지류이기 때문에 젊은 세대의 국제 교류와 국가 간 범용성 제고를 위해 학기제를 변경함. 그 장점은 아래와 같음.
  - 겨울방학 이후 3월, 새 학기가 시작되기 전까지 한 달간의 귀중한 시간이 제대로 사용되지 못했던 문제를 해결.
  - 겨울방학 기간을 줄이고 여름방학 기간을 늘리면 사회로부터 단절된 생활을 하는 학생들에게 사회를 경험할 좋은 기회를 제공.

---

51) 김태완, "교육개혁", 『대한민국 선진화의 길』, 한반도선진화재단, 2020.

- 대학생들은 긴 여름방학 동안 공공기관과 회사에서 인턴십을 하며 사회를 익히고 졸업 후 취업으로 연결할 수 있음.

81. 국제경쟁력 향상을 위한 교육개혁: 자유민주주의 교육체계 정립[52]

■ 국가 정체성은 교육을 통해 정립됨. 자유민주주의 교육체계를 정립하여 훼손된 국가 정체성 회복과 자유민주주의의 헌법 가치를 복원하고, 통일한국을 준비함.

☐ 초·중·고등학교 교육에서 자유민주주의에 기반을 둔 국가 정체성 교육을 강화하여 자유민주주의의 우월성을 체득하게 함.
- 대한민국의 건국 정신이 잘 반영된 헌법(국민의 생명권, 자유권, 그리고 행복추구권) 교육을 강화함.

☐ 북한 바로 알기 교육을 통해 북한체제의 실체와 실상에 대한 교육을 강화하여 자유민주주의 통일에 대비함.
- 자유민주주의에 기반을 둔 교육체계로의 정비와 재구축을 통해 올바른 한반도통일 교육과 북한체제 실상에 대한 교육을 강화함.
  - 올바른 통일은 한국 주도의 자유민주주의 가치에 기반한 통일임. 남북한 근현대사 교육을 강화하고, '같은 민족'에 기초한 감상적 통일론의 허구성에 대한 교육을 병행함.

---

52) 김태완, 『교육개혁』, 『대한민국 선진화의 길』, 한반도선진화재단, 2020.

☐ 통일 이후 국민통합과 민족통합을 위해 통일한국의 교육체계를 재정립함.[53]

- 자유민주주의에 기반한 교육이념을 정립하고 북한교육을 재건하기 위한 교육체계를 확립함. 또한, 통일 이후 북한 주민들을 위한 평생교육체제를 구축함.

- 남북한 교육 통합을 추진할 인력 양성, 북한교육체제의 전환 및 한국의 교육개혁, 북한교육 재건을 위한 예산확충 등 통일에 대비한 교육 통합을 준비함.

---

53) 이명희 등, 『통일후 북한교육 디자인』, 한반도선진화재단, 2015

82. 복지 선진화[54]: 사회발전정책으로 기조 전환

■ 복지 선진화를 위해 복지 만족도를 높이는 복지 패러다임의 전환, 다층복지체계 확립, 조직과 제도 개편으로 복지정책을 사회발전정책으로 기조를 전환함.

□ 국민의 복지 욕구 변화에 대응하고 현금 중심의 복지에서 서비스 중심의 질적 복지로 전환하며 국민의 복지 만족도 향상을 위해 국민 생활 만족지수를 개발함.

- 빈곤 해소보다 사회적 형평성이나 개인의 발전을 위한 사회적 욕구인 의료, 아동교육, 직업교육, 여가 등과 같은 복지서비스의 질적 수준을 높이면서 재정 악화를 예방함.

- 복지 수요의 정확한 파악과 복지공급제도의 개혁과 운영을 혁신해 복지 서비스의 질적 향상을 도모함.

□ 단일형 사회보험정책을 다층복지정책으로 전환해 사회안전망을 구축함. 이를 위해 정부 역할 축소 및 민영보험과 기업의 사회복지 역할을 확대하고, 복지 부문(공공+민간)의 산업화로 경제성장에 이바지하는 방안을 모색함.

---

54) 김원식, "시장복지를 위한 복지제도의 개혁", 『대한민국 선진화의 길』, 한반도선진화재단, 2020.

□ '사회발전정책'으로 기조를 전환하려면 조직·제도 개편이 불가피함. '노동이 복지'라는 국민 인식이 미흡해 노동과 복지정책이 각 부처에 분산 운영되면서 업무의 중복 등 사회발전정책 추진에 장애가 되고 있음.

• 사회보험은 사회적 위험에 대처하며 노동시장의 문제를 보완하는 수단임. 따라서 사회보험을 노동시장과 함께 관리해 효과를 극대화함.

〈표 24〉 현재 복지담당 부서

보건복지부	- 국민연금, 건강보험, 노인장기요양보험
고용노동부	- 고용보험과 산재보험 - 퇴직연금
금융위원회	- 개인연금

□ 노동시장 관리, 근로자들의 사회적 위험, 빈곤층과 취약계층에 대한 효과적 행정을 위한 정부조직 개편이 필요함.

• (가칭) 노동사회안정부를 신설하여 노동시장과 사회적 위험을 종합 관리함.

• 고용노동부는 근로자들의 노동시장 문제를 총괄하고, 국민연금, 건강보험, 노인장기요양보험, 산재보험 등을 관리함.

• 복지부는 빈곤층 및 취약계층(여성, 장애인 등)의 관리와 지원에 집중하고 재원은 조세로 충당함.

- (가칭) 보건산업부를 신설하여 의료, 제약, 식품에 관한 산업을 관장함.

<표 25> 정부조직 개편(안)

(가칭) 노동사회안정부 신설	- 노동시장과 사회적 위험을 종합관리
고용노동부의 업무 조정	- 근로자의 노동시장 문제를 총괄 - 국민연금, 건강보험, 노인장기요양보험, 산재보험 등 관리
복지부	- 빈곤층 및 취약계층(여성, 장애인 등) 관리와 지원에 집중, 재원은 조세로 충당
(가칭)보건산업부 신설	- 의료, 제약, 식품에 관한 산업을 관장

□ 지방자치단체의 복지제도에 관한 책임을 명확히 하는 차원에서 중앙정부와 지방정부 간 매칭 시스템을 금지함.

□ 중앙정부가 요구하는 복지프로그램을 지방정부가 수행하지 않으면 중앙정부가 해당 사업을 직접 운영하고 지원금을 상쇄함(play or pay).

83. 다층복지체계 구축으로 복지의 질 향상: 한국형 복지국가의 원칙[55]

■ 선별복지인가 보편복지인가의 이분법적 복지논쟁에서 벗어나 성장과 복지를 동시에 추구하는 서비스 복지를 보편화하고, 복지체계를 다층화하여 복지의 질을 향상함.

☐ 선별과 보편의 조화를 통해 민심을 호도(糊塗)하는 이분법적 이념 과잉의 복지논쟁을 차단함.

- 성장과 복지를 함께 추구하기 위해 복지 확대와 증세를 병행함.
- 복지재정의 지속가능성을 위해 부자 증세(상속·증여세, 재산세 등)에서 소득세와 소비세 위주의 개세(皆稅)주의 세제로 개편함.
  - 법인세제가 기업의 글로벌 경쟁력에 미칠 악영향을 차단함.

☐ 복지의 질을 높일 수 있도록 합리적으로 복지구조를 개혁함.

- 능력에 따라 적정하게 지불하고 필요에 따라 적절한 혜택을 받는 의무와 권리의 조화를 꾀하고 현금복지보다 서비스 복지를 보편화함.
- 이념에 치우친 복지정책을 강요함으로써 발생하는 복지정치의 실패를

---

55) 김원식, "시장복지를 위한 복지제도의 개혁", 『대한민국 선진화의 길』.

차단함. 특히 증세 없는 현금복지라고 국민을 오도하는 행위를 경계함.

- 공공복지와 민간복지의 조화로 복지의 질을 향상함. 공공복지의 대상은 복지부담능력이 취약한 사회적 약자이지만 민간복지는 스스로 복지비를 부담함.

□ 수명 100세 시대에 부응한 노인 기준연령을 현행 65세에서 70세로 단계적으로 상향 조정함.

- 연금과 지하철(전철) 무임승차 연령도 단계적으로 이 기준에 맞추어 상향 조정함.

□ 노인들의 축적된 경험과 지혜를 효율적으로 활용하여 소득을 창출할 수 있도록 노인 일자리 종합정책을 강구함.

- 노-노 케어 사업의 활성화, 각종 경연대회 등을 통한 노인 예능시장 개발, 지역 NGO를 비롯한 각급 기관 등에서의 유급자원봉사 활동, 사회 경험과 직업에서 얻은 전문지식을 영세기업 지원사업에 활용, 학교 교육청과 연계한 청소년 인성 교육 참여 등을 망라함.

□ 노인 인프라 시설 확충을 도모하여 편안한 노후를 보낼 수 있도록 하는 한편, 독거노인 관리를 강화해 예기치 못한 위험으로부터 보호함.

- 노인전문병원과 노인 홈 건설을 통해 활동이 가능한 노인은 노인 홈에 입주하고, 활동이 곤란한 노인은 전문병원이나 요양 시설에 입주함.

- 의료기술 발전, 신약개발 등에 따른 전문인력 수요에 부응하기 위하여 간호사 등 노인진료 전문인력을 양성함.

- 인공지능(AI) 및 사물인터넷(IoT) 기술을 가스, 전기, 수도 사용량과 연동하여 이상 징후 발생 시 즉시 관할 주민자치센터로 전달하는 '긴급 대응 시스템' 체제와 1주일 이상 부재 시에는 관할 주민자치센터에 신고를 의무화하는 독거노인의 상시 안위 점검·관리 시스템을 구축함.

84. 다층복지체계 구축으로 복지의 질 향상: 국민연금 시스템 개혁[56]

□ 저출산·고령화로 인해 국민연금의 지속가능성이 위협받고 있음. 국민연금의 지속가능성을 확보하기 위해 국민연금 시스템의 재설계와 함께 운용 개혁이 필요함.

- 국민연금기금은 2041년 적자로 전환되고 2057년 고갈될 것으로 전망됨.
- 국민연금의 수익비(국민연금급여총액 / 납부보험료 총액)가 '1'보다 크기 때문에 재정부담이 가중됨.

□ 재정부담의 다음 세대 전가를 완화하고, 인구감소(저출산, 고령화)와 성장잠재력 저하에 대비한 국민연금으로 재설계함.

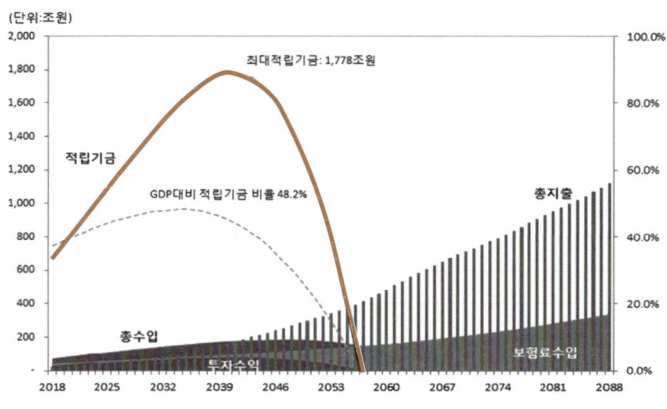

〈그림 8〉 제4차 재정 재계산에 따른 추계결과

자료: 국민연금재정추계위원회, 『국민연금제도개선방향에 관한 공청회』, 2018.8.17

---

56) 김원식, "시장복지를 위한 복지제도의 개혁", 『대한민국 선진화의 길』, 한반도선진화재단, 2020.

☐ 국민연금급여 지급기준을 기초급여 부분과 소득비례급여 부분으로 구분하여 지급기준을 조정함.

- 기초급여 부분은 확정급여형 제도로 정부가 급여를 책임짐.
- 소득비례급여 부분은 확정기여형으로 기금운용 수익률에 따라 급여를 조정함.
- 국민연금기금 운영 금액 단위를 50-100조 원으로 낮춰 여러 개 단위의 기금으로 세분해 운영하고, 각 단위가 서로 경쟁하는 체제로 자본시장 전문가를 육성함.

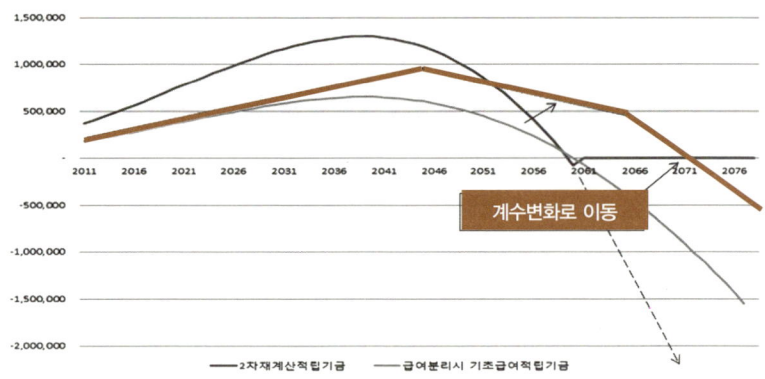

〈그림 9〉 기초급여와 소득비례급여 분리 시 재정 추계

자료 : 김원식, "효율적 다층노후소득보장시스템을 위한 국민연금 구소개선방향", 『보험금융연구』 제23권 제4호, 2012, p.81.

85. 다층복지체계 구축으로 복지의 질 향상: 민간 사회보험의 활성화[57]

■ 국민이 자발적으로 사회적 위험에 대비할 수 있도록 민간사회보험을 활성화할 수 있는 구조로 전환함.

• 공공 사회보험의 보장범위를 기초적 수준으로 제한하고 추가적 부분은 민간 개인들이 선택함.

- 일부 서비스는 민간보험에 맡기도록(opt-out)[58] 허용함.

□ 국민건강보험은 기본적 보장을 담당하고 민영건강보험은 보완적 진료를 담당해 국민건강보험과 민영건강보험이 상호 보완하도록 함.

---

57) 김원식, "시장복지를 위한 복지제도의 개혁",『대한민국 선진화의 길』, 한반도선진화재단, 2020.
58) 영국에서 학교나 병원이 지방 자치 당국의 관리를 받지 않고 자체적으로 운영하는 것을 의미한다.

86. 다층복지체계구축으로 복지의 질 향상: 부(負)의 소득세 도입[59]

■ 비과세 저소득층에게 세액공제가 환급되게 하여 세금에 대한 인식을 높이고 자발적으로 성실납세 신고를 하도록 유인함.

▫ 부(負)의 소득세는 소득세를 내지 않는 저소득근로자들을 직접 지원하는 효과가 있어 유인정책의 목적을 달성할 수 있음

- 부(負)의 소득세는 조세를 통한 소득분배이며, 근로소득장려제도는 근로 시 임금을 지원하는 소득분배제도임

---

59) 김원식, "시장복지를 위한 복지제도의 개혁", 『대한민국 선진화의 길』, 한반도선진화재단, 2020.

87. 다층복지체계 구축으로 복지의 질 향상: 기초생활보장형+기회보장형 기본소득 도입[60]

☐ 기초생활보장제도의 적용 범위에 실업급여 수급자를 포함하고, 저소득층 자녀의 양육과 건강보장을 위해 공공주택과 아동 의료를 보장하는 '기회보장형 기본소득'을 도입함.

☐ 민간연금제도의 활성화와 다층연금체계의 구축이 필요함.

- 민간연금기금 중 일부 자금을 주식 및 해외 자본시장에 대한 투자를 통해 수익률을 높이고 연금기금에 대한 자본소득세를 감면하여 연금자산의 투자 수익률을 높여 나감.

- 국민연금과 보완적인 다층체계화를 추진해 사회안전망을 구축함.

〈그림 10〉 다층연금체계의 구축(안)

개인연금(F)		정년연장 및 고령자 유연 노동(G)	
퇴직금(E)		개인연금(F)	
국민연금 (C+D)	국민연금 소득비례(D)	퇴직연금(E)	
		추가형 퇴직연금 (적용제외)(D)	소득비례 추가급여(D)
	국민연금 기초부분(C)	국민연금 소득비례(C)	
기초연금(B)		소득조사형 국민연금(A+B+C) (단, 기초노령연금액 보장)	
기초생활보장급여(A)			

60) 김원식, "시장복지를 위한 복지제도의 개혁", 『대한민국 선진화의 길』, 한반도선진화재단, 2020.

88. 다층복지체계 구축으로 복지의 질 향상: 다층의료보장시스템 구축[61]

■ 국민건강보험과 민영건강보험의 보완적 관계를 정립하는 차원에서 다층 의료보장 시스템을 구축함.

□ 의료서비스와 요양서비스를 병행하는 노인의료보험(Korean Medicare) 을 도입하여 노인의 건강보험 급여 지출과 장기노인요양보험 급여의 증가에 대응함으로써 근로계층이 부담하는 노인진료비와 함께 정부 와 지방자치단체의 부담을 경감함.

- 65세 이상 노인 인구 비중은 14%이지만 건강보험 급여 비중은 전체 급여의 40% 수준임.

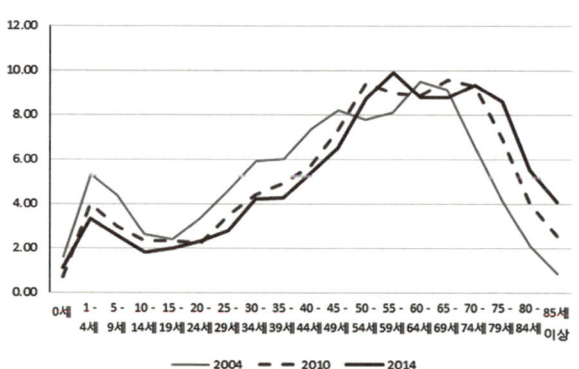

〈그림 11〉 연도별 연령별 보험진료비 구성비 변화

자료 : 김원식 외, "고령화시대의 건강보험제도: 노인건강보험체계의 구축", 『건강복지정책의 현안들』, 한국조세재정연구원, 2016, p.24.

---

[61] 김원식, "시장복지를 위한 복지제도의 개혁", 『대한민국 선진화의 길』, 한반도선진화재단, 2020.

☐ 노인장기요양보험의 지출을 축소하고 정부와 자치단체의 부담을 경감함.

- 75세 이상 노령층의 (후기)노인의료보험은 국민건강보험에서 분리하고, 노인장기요양보험과 통합하여 노인건강보험을 개선함.

- 75세 이상 노령층의 소득 및 자산 보험료, 연금에 대한 보험료 징수제도를 개선함.
  - 현재 정부와 자치단체 예산으로 급여를 지원.
  - 국민건강보험의 국가지원(급여비의 20% 수준)은 폐지하고, 노인의료보험으로 전환.
  - 노인의료보험 급여대상자에 대하여 처방 약 배달을 허용.

☐ 질환의 경중에 따른 의료보장시스템을 다층으로 구축함.

- 지속 가능한 의료보장을 위해서는 국민건강보험과 민영건강보험의 보완적 관계 정립과 함께 안정적 진료비 조달을 위해 의료저축계좌를 도입.
  - 국민건강보험의 필수 의료서비스를 강화하여 본인부담률을 낮추고, 진료 성과가 낮은 만성 및 비필수 의료, 그리고 건강관리 서비스에 대한 민영건강보험의 보완적 역할을 강화.

- 민영건강보험에 관한 의료정보를 교환하여 의료 리스크에 따른 보험료 조정으로 인한 도덕적 해이를 억제함. 이는 국민건강보험의 도덕적 해이도 억제하여 보험재정의 안정화에도 기여.

- 의료저축계좌는 본인 부담 의료비 적립이 가능하도록 세제 혜택을 부여하고, 퇴직 후 생활비로 전환이 가능하도록 함.

- 경증질환은 자비 혹은 민영의료보험의 급여로 진료비를 조달하고 중증 고액질환 중심으로 국민건강보험이 보장함.

89. 다층복지체계 구축으로 복지의 질 향상 : 원격의료 활성화[62]

☐ 4차 산업혁명의 진전으로 모든 진료가 실시간 원격으로 가능한 시대가 되었으며, 원격의료에 대한 경제 사회의 효율성이 증대되고 있음.

> **- 원격의료의 역할 -**
>
> - 원격의료는 디지털산업의 새로운 영역으로 경제성장의 새로운 원동력으로 인식되고 있음.
> - 원격진료가 발달하면 의사들이 진료실로부터 자유로워지며 다양한 의료서비스가 가능하고, 환자는 교통비 및 숙박비 등 절감이 가능하고, 병 의원 간 다양한 진료 수단의 도입으로 진료 원가를 절감할 수 있음.

☐ 원격의료가 활성화되려면 제도개혁이 필요함.

- 의료법을 개정하여 "병원 내에서만 진료해야 한다"라는 인식을 바꾸고, 의과대학(원)에서 원격진료에 대한 교육 과목을 개설하여 원격진료에 적합한 의료인력을 양성함.

- 원격의료를 국민건강보험에서 급여화하고, 만성질환 환자의 혁신적 의료기기 구매를 재정으로 지원함.

- 원격진료 관련 산업의 발전을 위해 관련 산업의 수요기반 확보 나아가 세계로 판매망을 확대하는 민관협력체계를 구축함.

---

[62] 김원식, "시장복지를 위한 복지제도의 개혁", 『대한민국 선진화의 길』, 한반도선진화재단, 2020.

90. 다층복지체계 구축으로 복지의 질 향상 : 한국형 주거복지 모델 개발[63]

☐ 주택정책 방향은 주거 해결능력에 따라 결정함.

- 주거 능력을 스스로 해결할 수 있는 계층은 민간부문이 담당하고 주거 능력을 스스로 해결할 수 없는 계층은 공공부문이 담당함.
- 생애주기에 따라 주택수요자의 선호와 요구에 따라 이사를 쉽게 할 수 있는 맞춤형 주택정책을 수립함.

☐ 수요 맞춤형 주택 공급과 국민의 주거비 부담을 완화하는 주거 지원 정책을 추진함.

- 저리의 주거안정자금과 전세자금 대출을 활성화하여 누구나 내 집 마련이 가능토록 주택 금융 제도를 전면 개편함.
- 주거복지정책과 보육·일자리 정책을 연계하여 추진함.
- 공공임대주택 비율을 현 6% 수준에서 10% 수준으로 확대 공급함.
- '주거생활 환경등급 표시제'와 신규주택에 대한 주택 품질보증제도를 도입하여 주거생활의 품격을 격상함.
- 노후주택을 개보수하고 농산어촌 빈집 활용 계획을 수립해 지원함.

---

[63] 김원식, 김헌수, "주거문화의 생애주기 복지정책", 『누구를, 무엇을 위한 부동산정책인가』, 한반도선진화재단, 2021.

91. 청년의 꿈을 실현하기 위한 종합정책 수립과 실행[64]

- □ 청년의 권리, 의무, 복지, 일자리, 교육, 봉사, 소통 등 삶의 질 개선과 함께 4차 산업혁명 시대에 청년들이 웅비할 수 있도록 '청년들의 꿈의 공간'을 마련해주는 등 '청년정책 5개년 발전계획'을 수립하여 추진함.

- '청년정책 5개년 발전계획' 수립과 효율적 청년정책 집행을 위해 대통령 비서실 내 '청년정책 비서관'과 국무총리실 산하에 '청년정책 담당관'(2급상당)제를 신설하고 각 부처에 '청년정책 담당관'(4급, 5급)을 두고 그 자리에 전문가를 등용함.

- 직업, 기업, 시장경제에 대한 올바른 교육과 4차 산업혁명 시대에 적합한 개인역량을 높이기 위한 수준별 학교 교육을 강화함.
  - 초등학교: 기업가 정신 교육과 실습, 코딩교육
  - 중학교와 고등학교: 로봇 제작과 코딩교육, 인공지능(AI)을 활용한 실전 교육 등

- 어려서부터 다양한 직업을 보여주고 체험할 기회를 제공하여 적성에 맞는 일자리를 생각하게 하고, 고등학교 졸업생과 대학생에게는 창업 교육을 비롯하여 기업, 연구소, 사회단체, 지자체, 공공기관과 정부에서 일

---

[64] 박용호, "청년정책의 혁신", 『대한민국 선진화의 길』, 한반도선진화재단, 2020.

하는 실습(인턴) 기회를 확대함. 다양한 일자리 정보를 제공하고 일자리를 만들어내는 '창직 훈련'을 강화함.

- 전국에 창업 아이디어 센터 설립 및 전문 멘토 운영을 통해 창업을 촉진함. 이를 위해 창업 준비 공간 제공, 창업 아이템 경진대회 개최, 창업 준비 시 주택 및 소액 생활자금 지원, 시제품 제작비용 지원과 함께 이들의 현장 경험을 정책에 반영함으로써 청년의 창업 유발 환경을 조성함.

- 광역 지방자치단체별로 "4차 산업 사다리" 교육센터를 설립하여 인공지능, 빅데이터, 소프트웨어 프로그래밍 교육을 강화하고 창의를 유발하는 인문학, 역사, 철학, 심리학 등을 기술교육과 연동해서 운영함.

92. 기본소득은 기본감세로, 기초생활보장제도는 기초사회서비스로[65]

☐ 장기적으로 복지정책을 사회발전정책으로 전환함.

- 복지정책은 빈곤 퇴치 정책임. 사각지대 이외의 절대빈곤은 해소되었으므로 향후 복지정책은 전 국민을 대상으로 하는 사회발전정책으로 전환함. 사회발전의 효과가 없는 정책은 주기적으로 객관적 평가를 통하여 폐지함.

☐ 기본소득보다는 '기본감세'를 지향함.

- 기본소득은 복지 만족도를 개선하는 복지가 아니라, 현금을 수단으로 하는 정치적 매표행위임. 현금을 모든 국민에게 주는 것보다 같은 금액을 소득세에서 공제함. 소득세 부과액이 없는 국민은 소득신고를 하면 공제액만큼 현금으로 지급함.

---

65) 김원식, "복지정책에서 사회정책으로: 기본소득에서 기초사회서비스로", 한반도선진화재단 창립15주년 기념세미나, 2021.9.30.

〈표 26〉 기본소득과 기본감세의 비교

	기본소득	기본감세
복지효과	동일	동일
예산액	동일	동일
증세	있음	없음
정부의 특성	큰 정부	작은 정부
행정비	있음(증원)	없음
경제적 효과	소비성 지출로 낮은 승수효과	감세 효과
물가	소비자물가 상승	불변
소득신고유인	없음	상승 (세수 증대 가능)

□ 기초생활보장제도는 기초사회서비스제도로 전환함.

- 기초생활보장제도는 생계급여, 의료급여, 교육급여, 주거급여 등을 현금으로 지급하나 생계급여 이외에 의료, 교육, 주거 등 급여의 복지 만족도는 미흡함.

- 기초사회서비스는 최소한의 복지 만족도를 보장하는 질적 서비스를 혁신적 4차산업 인프라를 구축하여 제공함. 소득수준에 비례하는 현물서비스로 탈빈곤을 촉진함.

- 기초사회서비스 이상의 개인적 선호에 따른 사회서비스는 본인의 부담으로 받을 수 있도록 개방과 경쟁의 인프라를 구축함.

<표 27> 기본소득 vs 기초사회서비스

	기본소득	기초사회서비스
복지서비스의 질	불변	개선
물가/가격	복지서비스 공급으로 가격 상승	복지서비스의 혁신으로 가격 하락
생산성	근로유인 감소로 하락	복지서비스의 혁신으로 복지비 감소, 생산성 향상
고용	불변	복지서비스 공급으로 고용 증대
기술개발	복지서비스 기득권 및 독점력 강화, 기술개발 유인 없음	복지서비스 경쟁으로 기술개발 확산
민간경제	증세로 민간경제 위축	복지서비스 민간 참여로 활성화
국가경쟁력	근로유인 감소로 하락	재정 건전성과 복지서비스 경쟁력 향상
타제도와의 조정	기존 수당제도 전면 폐지 + 증세	기존복지서비스 혁신 + 증세 없음

93. 청년들의 주거-결혼-출산의 선순환 구조 유도

□ 청년, 신혼부부 등 1~2인 가구 증가에 대응한 주택공급 확대, 주택 매입 자금이 부족한 청년 신혼부부에게 장기 저리의 자금을 지원해 청년들의 주거-결혼-출산의 선순환 구조를 유도함.

- 공급 규모 및 분양 방법
  - 공급 규모: 매년 5만 호 이상 공급(서울: 1만 호 이상, 경기도: 1~2만 호)
  - 공급지역: 지하철 인근 또는 도심지 등 양호한 입지
  - 평형: 과거에는 소형평형 위주였으나 삶의 질 개선을 위해 중형평형으로 추진(최소 2룸)
  - 분양: 토지임대부 주택으로 1,500만원/평 내외로 공급(입지에 따라 차이)
  - 분양대상 및 우선순위: 신혼부부 청년에게 최우선 입주 기회 제공 및 다인 가구 우대, 출산율 제고를 위해 다인 가구에 입지, 평형 등 우선권 부여

- 청년 주거 안정을 위한 금융지원
  - 청년 자격: 39세 미만, 연 소득 7천만 원 미만
  - 신혼부부 자격: 혼인 기간 7년 이내, 예비신혼부부, 만 6세 이하 자녀 가구로 부부합산 연 소득 1억 원 이하
  - 대출한도: 청년 3억 원, 신혼부부 5억 원
  - '입주-결혼-출산' 기간을 포함해서 최대 9년 동안 대출이자 100%를 무이자 혜택

〈표 28〉 정부의 대출과 지원

첫 3년(청년)	다음 3년(신혼부부)	마지막 3년 (부부 + 자녀)
-대출: 3억 원 -3년 동안 이자 100% 지원 -이자 부담: 2,700만 원	- 대출: 5억 원 - 3년 동안 이자 100% 지원 - 이자 부담: 4,500만 원	- 대출: 5억 원 - 3년 동안 이자 100% 지원 - 이자 부담: 4,500만 원

10대정책

문예 부흥과
소프트 파워 향상[66]

문화국가는 매력을 발산하는 국가임. 자유와 역사·전통에 기반한 문화 창조 역량을 발휘할 수 있는 환경을 조성해 글로벌 문화리더 국가로 도약하기 위한 토대를 구축함. 또한 이를 위해 문화교류 영역 확대와 글로벌화의 기반을 마련해 문화 발신국의 역량 강화와 문화교류의 허브 국가로 도약함.

---

66) 박광무, "문화정책의 개혁", 『대한민국 선진화의 길』, 한반도선진화재단, 2020.

94. 2030 코리아 그랜드 르네상스 (Korea Grand Renaissance: KGR) 구현

■ 자유와 인문, 역사와 전통에 기반을 둔 문화 대한민국을 건설하고 21세기 글로벌 문화 리더 국가로 도약함.

□ 「자유와 인문이 꽃피는 문화 대한민국」을 건설함.
- 자유민주주의 기반에서 창의와 자율이 최대로 살아나는 문예활동을 보장하여 문화창조 역량을 축적하고, 자유민주주의가 꽃피고 문화 역량이 극대화되는 환경을 조성함.
- 장르별 국제 문화예술 분야 진출(노벨문학상 등)에 대해 체계적으로 지원함.
- 초연결 사회에서 모두가 공감하고 누구에게나 열려있는 창작 활동 기회를 부여함.

□ 21세기 글로벌 문화 리더 국가로 도약함.
- 세계문화와 호흡하는 지속가능한 한국문화를 창달하고 세계문화의 보편성과 다양성을 존중하는 글로벌 문화교류의 중심(hub)국가로 도약함.
- 한류를 넘어 글로벌 문화창조와 교류를 선도하는 품격 높은 문화국가로 나아감

95. 문화창조 역량 극대화

■ 문화창조 역량을 최대한 발휘할 수 있는 문화예술인의 창작환경 조성, 그리고 자율성과 창의성이 보장되는 지원정책을 수립함.

□ 문화창조 역량을 최대한 발휘할 수 있는 환경을 조성함.

- 문화예술 창작인의 권리와 헌법상의 창작 활동의 자유를 보장하고, 정부의 지원정책이 또 다른 간섭과 규제가 되지 않도록 자유로운 창작의 환경을 조성함.
- 모두가 공감하고 누구에게나 열려있는 문화예술 창작 기회를 제공함.

□ 문화예술인의 자율성을 보장함.

- 헌법적 가치를 존중하는 창작의 자유와 자율 환경을 조성함.
  - 예산지원 의존형으로부터 자유와 자율이 보장되는 정책 환경을 조성함.
    (예: 창작품 저작권 보장〈제값 받기〉에 정책의 우선순위를 둠)

- 작가의 창작과정과 결과에 대한 평가는 (가칭)'문화예술 창작품 배심원제'를 도입하여 지성을 겸비한 대다수 국민과 문화향유자의 성숙한 자율적 판단을 존중함.
  - 문화예술진흥법을 개정하여 한국문화예술위원회에서 (가칭)'문화예술 창작품 배심원제' 운영

☐ 문화예술인의 창의성을 보장함.

• 창작과정과 결과에 대한 종합심사와 작품경쟁력에 근거하여 창작 활동을 지원함.

• 초연결시대에 걸맞은 문화예술위원회의 구조, 기능, 조직의 전면 정비를 도모함.
  - 문화예술진흥법개정: 초연결시대의 창작, 복합현실(MR=VR+AR)의 공간예술, 인공지능(AI) 창작과 저작권의 인정 범위 등 명시

☐ 창작 활동을 최적화하는 재정지원 정책을 수립하고 관련 법을 개정함.

• 창작활동을 '제안서-창작-작품화-저작권 보장과 시장화' 등 우수창작의 단계별 과정별 '생애주기 지원방식'을 제도화함.

• 창작활동의 지원재원으로 국고 및 공공자금 중심의 정부주도 지원방식은 감축하고, 민간 및 기업 메세나 협의회의 활동을 증진하여 지원재원을 다각화하고 민간 자율역량을 늘려 나감.

• 지원재원의 원활화를 위해 문화기본법, 문화예술진흥법, 도서관법, 박물관 및 미술관 진흥법 등 관련 법률을 개정하여 도서관 법인, 박물관 법인, 문학 및 공연법인 등 문화예술법인의 기부금품 모집을 허용함.

• 문화예술후원 기업과 개인에 대한 조세감면과 소득세법 및 문화예술후원 활성화에 관한 법률(기업 메세나법), 기부금품의 모집 및 사용에 관한 법률을 개정함.

• 국가재정의 창작활동 진흥 재원과 지원형태에 대한 적정성을 전면 검토하여 정비함. 보조금지원과 문예기금, 체육기금, 관광기금의 지원방식과 관련내용을 개선함

96. 문화산업 및 문화재정에 대한 새로운 인식 정립과 제도개선

■ 21세기 문화는 새로운 가치를 창조하는 성장산업이며, 문화재정은 가치를 생산하는 인프라임. 따라서 문화산업과 문화재정에 대한 새로운 인식을 정립하고 이에 걸맞게 제도를 설계함.

□ 문화산업에 대한 새로운 인식을 정립함.

- 기술·기능 중심의 콘텐츠 육성정책에서 인문과 문화자원을 필수요소로 초연결시대에 걸맞게 콘텐츠를 개발하는 정책으로 전환함.
- 예술과학과 문화기술의 연구와 개발을 문화 콘텐츠에 접목해 콘텐츠와 예술을 융복합해 나감.
- 초연결시대의 예술에 대한 집중지원체계(한국콘텐츠진흥원, 문화예술위원회)를 완비하여 문화산업 발전을 지원함.

□ 문화재정을 가치재창조 투자로 인식하고 전략적 우선순위를 부여하여 문화수요 창출과 양질의 문화공급능력을 확충함.

- 문화재정의 가치를 인식하여 재정 대비 1% 대 2%의 논쟁을 종식함.
- 창조와 융합프로젝트 지원 등 새로운 문화예술 창작환경에 부응하게끔 재정지원을 선택과 집중할 수 있는 지침을 마련하고 제도를 정비함.
  - "예술과학연구원"을 설립하여 예술기반 콘텐츠 창조의 산실 역할을 도모함.

- 대학의 예술과학, 문화와 기술, 문화기술 관련 학과에 집중 지원하고, 초연결시대에 부응한 예술대학 커리큘럼 개편과 모듈 제정을 병행함.

• 정부 재정 의존형 문화진흥은 단계별로 민간 역할을 높이는 방향으로 개편함.
  - 수요자 부담형식의 문화가치 및 재화 공급과 서비스 체계를 구축함.
    (국민의 문화 향유 수준에 부응하는 문화서비스 가격 산정방식을 개발 적용)
  - 문화서비스 비용체계를 다변화 자율화하고 공공물가 정책대상에서 제외

☐ 새로운 문화정책 수요에 대응하고 전례 답습의 보조금 지원방식은 지양하며, 특히 초연결시대 문예 창조 분야와 문화산업 전략 수출 장르(출판, 게임, 캐릭터, 음악 등)에 전략적으로 지원하는 등 문화재정 배분의 우선순위를 재조정함.

97. 고품격 문화국가로 도약 : 문화산업 5대 강국

□ 글로벌 문화산업 선도국가 역량을 갖추어 문화산업 5대 강국으로 도약하려면 아래와 같은 목표를 설정하고 글로벌 플랫폼 구축과 시장 개척에 힘써야 함.

- 문화산업의 5대 강국으로 도약하기 위한 비전과 정책을 제시하고 2021년 세계 시장 점유율을 현재 3%대에서 2030년 5~10% 수준으로 목표를 단계별 상향 설정함.

- 문화산업 주요 영역별(게임, 음악, 출판, 만화, 영화 영상, 애니메이션, 혼합현실) 글로벌 플랫폼 개척과 시장을 개척함.

- 인문과 문화자원을 바탕으로 ICT와 결합해 5G 시대 이후의 복합콘텐츠화를 주도하여 문화산업 패러다임의 일대 전환을 추구함.

□ 문화발신국으로의 역량을 강화하기 위해 문화교류의 영역 확대, 지역문예회관(아트센터)의 국제화, 한국형 문화예술 플랫폼 구축 등을 추진함.

- 한류스타 의존형 한국문화교류를 넘어 순수예술에도 한국발(發) 국제문화교류 발신 역량을 강화해야 함. 이를 위해 한국문화예술위원회와 국제문화교류진흥원의 역할과 체계를 정비하고, 한국 예술작가의 역량과 작품의 글로벌 확장을 돕는 지원정책을 확대함. 또한 민간과 지자체 주도의 세계적인 아트마켓과 공모전, 경연대회 등 진흥정책을 확대함.

- 전국 지역 문예회관(아트센터)을 글로벌 문화예술창작과 향유의 교류센터로 재정립 함. 이를 위해 전국 지역 문예회관의 온택트 전시공연 및 창작지원체계 구축 및 지역별 특성화·차별화된 장르의 '선택과 집중'에 의한 지원과 진흥정책을 추진하고, 도 광역시 대도시 기초지자체별 맞춤형 지역아트센터 역할을 재정립함.
- 초연결사회 글로벌 문화교류를 주도하는 대한민국의 문화예술 플랫폼을 형성함. 이를 위해 민간의 21세기 글로벌 문화예술 플랫폼 협력체계 [가칭 "K-art platform Network"]를 구축 지원하고, 글로벌 초연결 기술 선도기업과 문화예술기관의 전략적 제휴와 협력을 도모함.

98. 5대 콘텐츠 강국 전략 및 제도 정비

■ 5대 콘텐츠 강국으로 도약하기 위해 발전전략산업 지원체계를 정비하고, 시장개척을 위해 법제도를 정비함.

□ 콘텐츠 산업 발전전략은 콘텐츠 산업을 국가 핵심 전략산업으로 분류, 대통령 주재 콘텐츠 산업 성장전략회의 정례화, 재정 등을 콘텐츠 산업에 우선하여 지원하는 것 등임.

□ 콘텐츠 산업 주요 종목별(G7)[67] 글로벌 플랫폼 개척과 시장개척을 통하여 게임 G-star의 세계적 오픈 마켓화, 영화 영상의 부산영화제를 세계 5대 영화제로 도약하게끔 지속적인 진흥을 돕고, 부천 춘천 강릉 등 지역 콘텐츠 전시공연프로그램 차별화 정립을 지원함. 또한 민간의 글로벌 플랫폼 개척을 정부가 공모전 기술지원 등과 같은 형식으로 간접지원하고, 기존 콘텐츠 플랫폼의 활용과 연동 체계를 구축하여 업종별·기업별 연대를 추진함.

□ 문화자원을 보존·활용하는 선순환 시스템을 구축함. 이를 위해 인문과 문화자원이 첨단기술과 융합하도록 전략적으로 지원함. 지원대상에는 가상현실과 증강현실 MR1(VR+AR), 인공지능과 인간 재능 MR2(AI+HI)의 융합 등이 포함됨.

---

67) 게임, 출판, 만화, 음악, 영화영상, 애니메이션, 혼합현실 등 문화산업의 주요 7대 종목

▫ (가칭) '국립문화자원개발원'을 설립하고, 문화기본법을 개정해 문화자원의 발굴·수집·보존·분류·정리·가공·활용을 위한 국가전략계획을 수립하며, 국가·지역·개인·기업·기관 차원에서 다층적으로 접근함.

▫ 초연결 시대와 새로운 장르와 업종, 저작권 보호 등을 위한 법제를 정비함.

- 초연결 시대의 기술혁신과 콘텐츠 창조에 부응하는 '콘텐츠진흥법'을 전면 정비함.

- 새로운 장르와 업종에 대비하여 통계와 정책지원시스템의 연동형 운영체계를 구축함. 국가통계포털에 문화자원 통계, 혼합현실예술창작 등 신장르 창작예술 통계를 포함함.

- 인공지능 기술혁신, 융복합 장르와 창작품의 출현을 반영하여 저작권법을 전면 개정함.

99. 문화교류의 허브 국가화

■ 노벨문학상, 맨부커상, 공쿠르상 3대 문학상에 대하여 장기적 전략적 시각으로 접근하고, 주요 장르에 대한 도전의 체계화, 장르별 경쟁 부문 상 제정 등을 통해 한류 기반의 저변을 확대하고, 세계문화교류의 허브 국가화의 기반을 구축함.

□ 3대 문학상에 대비한 국내외 권위 있는 심사위원을 위촉하여 후보 작품의 선정심사위원회를 구성하여 가동하고, 완전경쟁과 투명한 작품성 평가체제를 구비하여 신진과 경륜 있는 작가를 망라한 작품성을 심사함.

□ 주요 장르의 세계적인 경쟁 부문 상에 대한 도전을 촉진하기 위해 음악 미술 영화 연극 등 장르별 인재 양성과 세계 진출을 지원함.

• 한국문학번역원을 '한국번역원'으로 승격하고 역할과 기능 · 조직을 확대하여 한류의 저변 확대를 도모함.

□ 장르별 한국발 경쟁 부문상을 제정하고 운영을 지원함. 한국발 세계적인 예술 장르별(게임, K-POP 음악, 영화, 만화, 문학 등) 시상식을 개최함.

□ 문화예술의 본질적 역량 강화와 한류 기반의 내실화를 통해 순수예술을 창작 보존하고 문화자원의 융복합 개발에 활용하도록 지원함.

100. 국민의 문화 향유 기회 확산 및 기반 조성

■ 국민이 언제 어디서나 문화를 향유할 수 있는 환경과 기반을 구축해서 국민의 문화 향유 기회를 확산하고 국민의 행복과 문화권을 향상함.

▢ 국민의 행복과 문화권을 고도화하여 누구나 언제 어디서나 문화를 누릴 수 있도록 문화향유 여건을 개선 확장함.

- 복합적 문화 누림 정책을 시행하여 국민문화예술 관람률을 90% 이상으로 높이고(2019:81.8%, 2020년은 코로나로 인하여 60.5%), 국민의 문화 누림 고도화로 국민문화 향유의 상향평준화를 도모함.
  - 질적 고도화와 장르별, 연령대별, 지역별, 소득계층별 편차를 해소하고 고 연령대에 대한 문화예술 교육기회를 부여
  - 저소득층에게 수요자 중심 문화 바우처를 제공함.
  - 지역에 대한 문화프로그램 보급을 확장함.

▢ 문화 향유 기회를 확산하기 위해 전국적 보편적 문화 향유 기반을 정비함.

- 문화 향유 기반의 양적 충족에서 벗어나 질적 고도화와 지속가능성에 중점을 두고 문화기반시설에 대한 물적 자원의 지원과 인적 자원을 쇄신함.
  - 국공립 문화기반 공간의 시설 장비 최신화와 집중투자(지역별 분야별 장기

연동 재정지원계획 수립)
- 국공립박물관의 경쟁력 고도화를 위한 인적 물적 충족과 운영의 쇄신
- 박물관 미술관의 주도권 갈등 구조에서 탈피, 정부 지원체계의 일원화
- 지역문예회관의 지역별 특성화, 차별화와 운영 역량 강화

- 중기과제는 문화시설 운영평가의 상시화, 문화공간의 고품격화와 고도화, 전시공연의 명품화와 평가 결과에 따른 재정 지원과 문화투자의 차별화 등임.

- 시대 변화와 새로운 문화 수요에 따른 문화공간의 재편·확충 과제는 아래와 같음.

〈표 29〉 시대 변화에 따른 문화공간의 과제

중기과제	-무형문화재 전수교육관 기능 재점검, 활용·창조·누림의 역할 추가
중장기과제	-국립국악원 지역분원 추가 개설로 전통공연예술진흥의 체계화 기반 강화 -초연결사회의 문화 현상을 담아내는 각종 문화공간의 운영체계와 프로그램 구축, 인적자원 충원 등
장기과제	-한류와 복합현실(MR)예술을 수용할 수 있는 대공연장(아레나형)을 지역 특성과 권역별 수요에 맞게 반영·신설

101. 문화기반 관광의 고도화·고품격화·고부가가치화

■ 관광상품의 고도화와 고품격화, 고부가가치화로 한국이 9대 문화관광 대국으로 도약하기 위한 전략이 필요함.

☐ 문화와 여가를 연계한 관광문화 전략으로 매력적인 문화관광 한국으로 도약함.

- 문화, 산업, 역사, 환경자원을 관광 자원화하여 관광을 21세기 새로운 고부가가치를 창출하는 핵심산업으로 발전시키는 다면적 입체적인 관광전략을 수립함.

- 대통령주재 '관광진흥확대회의'를 정례화하여 관광을 국가 핵심의제로 설정, 관광산업의 중요성에 관한 인식을 확산하고, 코로나 이후의 관광산업 발전 중장기적 과제에 대한 제도적 정비를 추진함.
  - 당면과제: 초연결시대에 관광진흥법, 국민여가활성화기본법 전면 정비
  - 중장기과제: 글로벌 관광대국을 향한 종합발전 전략 수립

☐ 관광객 유치 기반과 패러다임 재정립, 문화관광자원 개발, 국가브랜드 가치 제고 등의 혁신전략으로 9대 문화관광 대국으로 도약함.

- 관광 목적, 기능, 세대, 국가에 따른 특성별 차별화, 고급화로 외래관광객 유치기반을 확대하고 패러다임을 재정립함.

- 목적별 기능별 맞춤형 관광: 개별관광, 건행(健幸, wellness)관광, 한류관광, 산업관광, 자연유산 및 문화유산관광 등
- 관광의 특성화: 브랜드화, 스토리화(인문과 가치의 융합), 네트워크화(공간/사람/지구촌)를 통해 지역별 차별화된 명품관광자원 확충
- 글로벌 MZ세대의 욕구를 충족: 즐거움, 행복, 치유를 맘껏 누리도록 관광환경 조성(※ BTS 등 한류연계 관광지 상품)
- 지역별 특성화와 차별화: 머물 곳, 먹을 곳, 즐길 곳의 차별화와 명품화로 최고의 관광브랜드 가치를 구축

• 세계관광기구(UNWTO) 및 세계 주요 관광거점과 연계하여 글로벌 관광 네트워크를 확대함.

• 관광기념품과 문화상품을 K-브랜드화하고, 전국의 문화자원을 문화관광 자원화함. 특히 유네스코가 지정한 인류문화 유산을 글로벌 관광자원으로 브랜드화하고, '거북이마을,' '토박이 예술촌' 등 슬로우 시티를 뛰어넘는 한국발 글로벌 관광브랜드를 창출함.

• 문화, 경제[산업], 기술의 융합적 연계 효과를 통해 국가브랜드 가치를 높이기 위한 융복합관광산업진흥정책을 적극적으로 추진함
- 문화, 관광, 기술에 감성을 더한 4차원 관광시대를 구현하기 위해, '권역별 거점 관광도시'를 「4차원 관광의 거점도시」로 지정하여 연계도시 네트워크를 구축함.

• '찾아가는 관광'에서 '누리는 관광'으로 관광기반을 확충하고, 관광업계와 기관 단체의 문화기관 및 경제단체와의 전략적 제휴를 강화함.

102. 글로벌 스포츠 선도국가로 도약

■ 글로벌 스포츠 선도국가로 도약하기 위해 체육 정책을 재정립하여 스포츠 4대 강국에 진입하고 스포츠산업을 고부가가치산업으로 육성함.

☐ 초연결시대에 걸맞게 체육 정책을 재정립하고 생활체육을 활성화함.

- '강한 체력'을 바탕으로 '덕성'을 쌓고 '지식과 지혜'를 갖추어 세계시민으로 역할을 정립하기 위해 학교 교육의 우선순위를 '체·덕·지'로 전환함.
  - 100세 시대를 즐기며 행복한 국민, 강한 체력, 건강증진을 위한 생활체육을 강화

- 건전한 풀뿌리 생활체육과 학교체육의 저변을 확대하는 가운데 선수 자질이 있는 '체육의 샛별'을 발굴함.
  - 즐기는 체육으로 세계 최고의 기량을 발휘하는 자유경쟁 선수선발체계 구비

☐ 주요 종목에 대한 스포츠 과학의 고도화를 통해 '스포츠 4대 강국'으로 도약함.

- 선수선발 육성과 훈련을 공개 경쟁체제로 바꾸고 과학화와 즐기는 운동 단계로 승화함.
  - 즐기는 스포츠를 일상화하고, 학교체육과 생활체육을 통한 풀뿌리 체

육에서 인재를 발굴함. 이때 선수는 자유롭고 투명한 경쟁을 통해 선발
- 선수촌 내 공간과 운영을 투명화하여 폭력과 성적 논란을 원천적으로 해소함.

☐ '한국 스포츠 정책과학원'의 역량을 고도화하고 체육과학의 글로벌 전략을 수립함.

☐ 스포츠산업의 융복합, 고도화, 고부가가치화를 통해 체육을 고부가가치 산업으로 발전시킴.

• 문화·관광·체육을 종합 연계하여 미래형 복합 여가산업의 중추가 되도록 함.
- 승마, 요트, 활강, 스킨스쿠버, 패러글라이딩 등 미래 확장형 스포츠의 급속한 보급 확산에 대비함.

☐ 국민소득 4만달러 시대에 대비하는 제도로 전면적인 정비가 필요함.

• '체·덕·지' 교육체계로 전환에 따른 학교 교육과정을 재편하고 미래세대 육성기반을 구축함.
- 생활체육과 학교체육의 실제적인 연계
- 골프업종에 대한 개별소비세를 면세하고, 골프를 국민 생활스포츠로 전환선언(개별소비세 면세에 따른 세수 부족은 골프인구 증가로 인한 법인세 및 연관산업 발전 등으로 충당)
- 국민소득 4만 불 시대에 대비한 국민체육진흥법 체계를 전면 정비
- 국제경기대회 메달획득 및 역사적 전환점을 이룬 선수의 스포츠 기여 활동을 병역 대체복무로 인정(관련 기준 마련) : 양심적 병역거부의 인정에 상응하는 스포츠

□ e-스포츠 글로벌 대회를 창설하고 선수를 육성하여 e-스포츠산업의 발전을 지원함.

• 게임업계와 e-스포츠 산업계 및 프로 게이머, 그리고 정책 부서의 거버넌스 연대와 협력에 의한 시너지 도모

103. 헌법 가치와 문화가치의 연계

■ 헌법 가치와 문화가치를 연계한 문화정책 기조를 바탕으로 세계시민으로서 문화 의식을 함양하고 문화국가로의 도약을 추구함.

□ 자유・민주・존엄・시장경제의 헌법 가치를 구현하는 문화정책 기조를 형성하기 위해 관련 법체계를 정비하고, 국가의 문화정책 의무, 문화적 기본권 보장, 대통령의 '민족문화의 창달'의 책무 등을 충실히 이행함.

□ 국제사회가 지향하는 문화 다양성 존중, 지속 가능한 문화창달, 문화의 공감과 교류 협력 등을 통해 문화가치를 공유하고 실현함.

• 국제기구의 분담금은 국가역량에 걸맞게 분담하고 역할을 증진하며 국력에 부응하여 유네스코 등 국제문화기구에 대한 책무를 확대함.
• 문화 제국주의를 배격하고 지역적 문화적인 이유로 차별을 금지함.

□ 문화가치 평가제도의 도입 정착

• 초연결 융복합현실의 환경에서 전국 지자체별 문화가치 종합평가를 통한 지역문화관광체육발전의 객관적이고 실제적인 기본 근거로 삼고, 지역별 문화가치의 상향을 위한 노력을 유발
□ 문화 다양성을 존중하는 문화기반을 구축하고 세계시민으로서 문화의

식을 확장함.

- 인류 보편적 가치와 민족문화 특수성이 공존하고 공감하는 새로운 시대인식을 정리

- 한류 문화가 상대국 문화와 호흡하는 쌍방의 문화교류가 정착되게 함
  - 존경받는 글로벌 문화발신자로서의 선도 국가상 확립
  - 성숙한 문화 국민, 문예 창작의 정치적 규제가 없는 '자유로운 문화 나라' 형성

☐ 글로벌 문화 미래전략을 수립하여 21세기 문명을 선도하는 역할 강화와 협력 네트워크를 확립함.

- 초연결 스마트 환경에서 '국가 총 문화가치와 역량'을 고도화함.
- 한민족의 문화 강점인 신명, 열정, 속도, 두레, 화랑, 선비, 융통, 유목정신 등이 어우러진 문화를 전승 발전시킴.

11대정책

품격과 여유를 갖춘 국토 개조[68]

국민들이 더 행복하고 품격있는 삶을 누리는 국토 공간을 창조하기 위해 국토 활용의 정책기조를 양에서 질로 전환함. 즉 경제 발전 위주의 국토 개발에서 사회 발전 위주로 삶의 질을 높이는 구조로 전환함. 또한 4차 산업혁명시대 사회경제 구조 변화에 따른 국토공간의 효율성과 공공성을 제고하고, 미래 성장 동력을 창출할 수 있는 교통·물류 기반을 구축하여 글로벌 경쟁력을 향상함. 그리고 시장 기능을 중시하는 주택 정책으로 기조를 전환함.

---

(68) 이한준, "미래지향의 국토건설", 『대한민국 선진화의 길』, 한반도선진화재단, 2020.

104. 품격있는 국토 공간서비스를 위한 정책 기조의 전환

■ 국토 공간 활용의 중점을 양에서 질로 전환하고, 국민을 위한 공간서비스를 제공함으로써 국민을 행복하게 하는 품격 있는 국토 공간을 창조함.

□ 국토관리 철학은 '공간민주주의'로 재정립하고, 국토의 '공간민주주의'를 구현함.

- 국토발전 패러다임을 불균형성장전략에서 균형성장전략으로 전환하여 '공간 민주주의'를 구현함.

- 과개발(過開發)을 지양하고 신(新)개발보다 기존 시설의 재생(再生)과 관리에 우선순위를 부여함.

□ 국토 공간 활용의 양(量)을 확보하는 재고 충족정책에서 양질의 재고 확장정책으로 정책 기조를 전환함.

- 주택과 도시를 건설하는 성장을 통한 부의 축적구조에서 교통, 환경, 에너지, 관광 중심의 복지로 표출되는 부(富)의 소비구조 변화를 반영함.

- 노인주택과 고령자를 위한 도시서비스 수요 급증에 따른 도시서비스를 확충하고 공간을 개조함.

☐ 국토 공간에서 사회경제적 평등이 보장되고 국토 공간의 정의가 실현되는 국민을 위한 공간서비스로 '공간민주주의'를 실현함.

- 공간민주주의가 실현되면 국토 공간 어디에서도 균등한 삶의 질이 보장되고, 어떤 지역도 소외되지 않는 공공서비스를 제공함.
- 부자와 가난한 사람이 모두 아이를 보내고 싶은 공립학교, 대중교통체계의 완비, 보건소, 운동장, 공원, 체력단련장, 도서관, 박물관 등의 시설을 확충하여 국민 생활의 품격을 높이는 '사람의 정책'으로 공간정책을 재정립함.

☐ 국토를 배려, 소통, 치유의 공간으로 개조해 국민이 행복하게 살도록 함.

- 배려의 공간: 모든 지역, 모든 세대, 모든 계층이 원하는 삶의 질을 누리도록 함.
- 소통의 공간: 지역 간 연계, 통합, 상생의 관계를 형성함.
- 치유의 공간: 소외지역과 소외계층을 보듬고 국토의 상처를 치유하는 품격 있는 삶을 지향함.

105. 사회경제적 변화에 따른 국토·교통 패러다임의 재구조화

■ 사회경제구조의 변화에 따른 수요에 대처하고 기술혁신으로 인한 국토 공간의 효율성과 공공성을 높이기 위해 국토교통의 패러다임을 재구조화함.

□ 사회 경제적 구조변화에 따른 공간서비스 수요에 대처함.

- 저출산·고령화로 역동적 사회에서 침체사회로, 풍요를 중시하는 가치관을 비롯해 다양한 가치를 추구하는 성숙사회로 전환되고, '산업 우선의 패러다임'에서 '생활 우선의 패러다임'이 대두됨.

- 국토의 절반 이상이 인구감소지역으로 바뀌면서 국토 공간의 천공현상(穿孔現像) 조짐이 있고, 공간서비스 수요가 효율화에서 다양화, 개성화로 변화함.

- 효율적 집적 위주의 불균형 성장 관성에서 균형된 안정성장 관성으로 이행하여 국토·교통·건설을 선진국형으로 전환하고, 경제발전 위주의 국토개발에서 사회발선 위주로 삶의 질을 높이는 구조로 전환해야 함.

□ 기술혁신과 국토 공간의 지능화를 통해 효율성과 공공성을 제고함.

- 4차 산업혁명(AI, IoT 등)으로 초고속화, 무인화, 초연결화, 초지능화 추세에 발맞춰 국토관리방식을 과감하게 바꿔 국민 생활 향상을 도모함.

106. 미래성장동력 창출을 위한 국토 기반 구축

☐ 수도권과 비수도권의 상생발전을 추구함.

- 수도권은 세계적 경쟁력을 갖춘 메가로 폴리스(megalopolis)로 육성함.
  - 서울-인천-평택-여주-이천-성남-용인-의정부-동두천-고양-문산을 연계
  - 수도권의 메가로 폴리스는 세계적인 지식기반 중심지로 육성
  - 수도권을 계획적으로 관리하여 질적 성장을 도모

- 세종시와 10개 혁신도시는 자생력 있는 지역 성장 거점으로 건설, 도시 성장을 지원함.

- 지방 도시와 농촌 지역의 잠재력을 확충하고 자립기반을 구축함.

☐ 3+1 광역경제권을 구축하여 미래성장동력을 지원하고 견인함.

- 동서 간 경제통합과 권역 간 연계를 위한 3+1 광역경제권을 형성하여 미래산업을 주도하는 거점 역할을 하도록 공간구조, 교통 인프라와 산업 네트워크를 구축함.

〈표 30〉 3+1 광역경제권 구상

① 수도권-강원권	② 세계적인 지식기반산업 중심지, 관광·휴양 중심지
③ 충청권-대경권	④ 연구개발과 지식기반제조업 중심지
⑤ 호남권-동남권	⑥ 장치형 산업의 중심지, 첨단부품 소재 산업 중심지
⑦ 제주권	⑧ 세계적인 관광·휴양산업 중심지

□ 노후 고속도로, 철도, 도로 등 교통인프라와 산업 관광인프라, 항만 공항 등 국토 재생사업으로 국토의 지속가능성을 회복함.

□ 대외지향적 초국경 협력의 국토발전 전략을 수립하여 광역경제권과 연계를 통해 발전을 도모함.

- 북극항로, 아시안 하이웨이, 유라시아 철도망(TCR, TSR) 등과 연계한 인프라를 구축함.
- 연안 해양자원을 산업, 관광, 에너지 개발 수단으로 활용함.

107. 교통·물류의 글로벌 경쟁력 강화

■ 교통과 물류의 글로벌 경쟁력을 강화하고 편리한 교통서비스를 제공하기 위해 도로 이용에 대한 인식을 전환하며 물류기지의 네트워크 구축과 국제화에 대비함.

☐ 만드는 도로에서 이용하는 도로로 인식을 전환함.

- 도로 및 교통시설 간 연계성을 강화하여 단절 없는 교통체계를 구축하고 도로와 철도의 도심 시설을 지하화하여 효율적 연계를 도모하며 전국의 생활도로를 리모델링함.

- 광역급행철도를 건설하여 수도권 및 부산권역의 경쟁력을 강화함.
  - 수도권 전 지역은 30분 이내 통행이 가능하도록 수도권광역급행철도(GTX) 건설
  - 부산권 광역급행철도(BTX)를 도입하여 침체한 부산권역의 활력을 제고

- 거점도시권 내 광역 급행 철도망을 정비함.
  - 도시 · 광역철도 공사 적기 완공, 기존 노선은 급행열차 위주로 운영방식 개선
  - 간선급행버스(BRT)를 수도권 전역과 전국 대도시권으로 확대하고 KTX와 연계 강화

- KTX의 운행 횟수를 늘리고 일반 전철의 용량을 확대함과 아울러 KTX 서울 구간을 지하화하여 시민의 편의를 높임.

□ 물류기지의 네트워크를 구축하고 국제화를 추진함.

- 5대 내륙화물기지를 물류단지와 연계하여 전국적 통합물류 네트워크를 구축함.

- 전국 및 북한을 연계하는 슈퍼 하이웨이(super highway) 네트워크를 구축함.
  - 30년 이상 된 고속도로축을 슈퍼 하이웨이로 개량하고 북한의 개성축 도로와 연결
  - 노후화된 교통축과 AH-6축을 연결하여 북한과 러시아 연결 교통축 구상
  - 나진~하산 프로젝트와 TSR 활용을 통한 국제경쟁력 강화
  - 남북철도 연계를 통한 한반도 종주 철도망 확보

- 교통정보 이용의 효율화를 위한 "(가칭)교통정보거래소"를 설립함.

108. 토지이용의 공공성 제고

□ 토지개발 이익으로 인한 난개발과 과개발을 억제함.

- 개발이익과 규제손실을 연계하고 조정하여 토지의 사적 이용과 토지이용의 공공성 간 균형을 추구함.
- 용적률 이전제를 도입하여 과수요 지역(서울 강남지역 등)의 고밀 개발을 허용함.

□ '도시화 이후 단계'로의 전환에 대응한 도시개발을 유도함.

- 도시화 이후 단계의 도시개발 용지 소요를 조정하고 토지비축을 확대하여 공공용 토지를 저가에 확보함.
- 부동산 공시가격을 일원화하여 객관성과 실효성을 제고함.
- 통일에 대비해 북한 토지제도와 활용에 대해 구상함.

109. 시장기능을 존중하는 주택정책으로 전환

□ 주택정책은 조세와 금융에 의한 과수요 억제정책과 함께 공급 확대를 병행함.

- 주택은 '사는(LIVE) 곳'이며 동시에 '사는(BUY) 재화'라는 점을 인식함. 부동산투기는 투명성을 높여서 대응하고 집값 상승은 공급 확대로 억제함.
  - 수요를 억제하려는 징벌적 조세가 매수인과 임차인에게도 전가되어 오히려 부동산시장의 불안과 주거 안정을 저해함.
  - 다주택 소유자는 집값을 부추기기도 하지만, 임대주택 공급자로서 집값과 전·월세 안정에 이바지하는 측면도 있음.

- 수요자의 욕구와 소득수준, 구매능력, 특히 소득수준 상승에 따른 주거의 질 향상을 고려하여 주택을 공급함.
  - 지하주차장, 체력단련장, 생활체육시설, 공중목욕탕, 산책로, 보육시설, 어린이공원 등

- 수요자의 구매능력에 따라 민간부문과 공공부문이 역할을 나눠 주택을 공급함.
  - 구매능력이 있으면 민간부문이 공급하고 구매능력이 취약하면 공공부문이 공급하도록 함으로서, 수도권과 비수도권의 균형개발의 기초가 되도록 해야 함.

☐ 주거복지 재원은 세금보다 지역 부동산개발 수익으로 충당해 수익자 부담원칙을 구현함.

- 지방의 부동산개발사업 수익의 일부는 지방자치단체가 환수해 지역 청년들을 위한 주택 건설에 활용
  - 과도한 세금은 수요와 공급에 악영향을 주지만, 개발사업 수익의 환수는 지역경제를 위축시키지 않음.

110. 부동산 공시가격 평가의 공정성 확보[69]

■ 세금 징수와 복지의 기본인 부동산 공시가격의 정확성과 신뢰성을 확보함.

□ 부동산 공시가격은 개별주택공시가격, 개별주택산정가격, 개별공시지가 등 3종류로서 주택은 '산정', 토지는 '감정평가'의 방식을 적용함.

〈표 31〉 공시가격 산정 방식

주택공시가격	-2006~2015년: 감정평가사가 감정평가 방식으로 공시가격 결정 -2016년~현재: 한국부동산원이 인근의 실거래가격을 참조하여 주택공시가격을 '산정' (주택산정가격 80% = 주택공시가격)
토지공시가격	-나지 상태를 가정하여 평가한 토지가격 -1989년 이후 감정평가사의 감정평가 방식

- 주택공시가격과 주택산정가격은 비전문가가 결정하고, 토지공시가격은 전문가인 감정평가사가 평가함으로써 평가의 공정성과 객관성이 떨어짐. 공시가격의 공시, 산정과 이의신청 주체가 제각각이라 주민 불편을 초래하고 납세자 권리를 침해함.

---

69) 정수연, "토지와 부동산공시가격에 대한 오해", 『누구를 무엇을 위한 부동산정책인가』, 한반도선진화재단, 2021.

<표 32> 이의신청 및 공시 주체

	이의신청 주체	공시 주체	산정 주체
공동주택	한국부동산원	국토교통부장관	한국부동산원 민간감정평가사 지자체 세무공무원
단독(다가구)주택	지방자치단체	지방자치단체장	

- □ 부동산 공시가격 결정제도의 공정성, 중립성과 형평성을 강화하기 위해 감정평가사 중심으로 제도를 개혁하고 선수와 심판 기능을 분리함.

- 국토교통부의 입김에 휘둘리는 공기업인 한국부동산원을 공시가격 작성 주체에서 배제하여 '공시가격 작성'[70]과 '공시가격 관리 감독 대행'[71]의 병행을 금지함.

- 부정확한 공시가격의 현실화 로드맵을 재검토함.
  - 실제 가치보다 현저히 낮은 상태에서 현실화 로드맵이 진행되어, 주택 가치가 하락해도 재산세 부담은 계속 증가하는 기현상을 초래함.
  - 2021년 제주특별자치도 공시가격검증센터에 따르면, 한국부동산원은 "현장 조사 없이 공시가격을 산정"하고 "폐가를 기준으로 인근 주택의 가격을 비례산정"하였음.
  - 관료와 공기업의 유착을 초래하는 중앙집권적인 부동산공시가격 제도가 부동산공시가격 부실화의 근본 원인임.

---

[70] 한국부동산원은 법률상 감정평가를 하지 못하도록 되어있으며, 감정평가 대신 실거래가격을 추종하는 "산정"이라는 방법으로 2016년부터 주택공시가격을 작성하고 있음. 원 내에 200여명의 감정평가사가 재직하고 있으나, 법률에 의거, 이들도 감정평가를 수행하면 불법임. 참고로 전국에는 5000여 명의 감정평가사 자격증 소지자가 있음.
[71] 국토교통부를 대신해서 한국부동산원은 공시가격 부대업무를 위탁받아 관리감독을 대행하고 있음.

〈그림 12〉 공시가격 현실화 로드맵의 모순

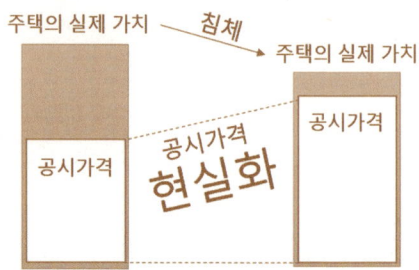

- 토지 보상 감정평가 절차의 중립성을 확보하는 제도적 장치를 마련함.
  - 한국감정원이 '산정'하는 주택공시가격을 감정평가사가 '감정평가'하도록 해 공시가격의 신뢰성을 높임.
  - 일감 몰아주기 방식의 공시가격 산정에 국토교통부나 한국부동산원이 개입하는 것을 차단하기 위해 '감정평가 중립성 법'을 제정함.

〈표 33〉 '감정평가 중립성 법(안)'의 주요 내용

- 보상평가가격 및 공시가격 평가 개입을 차단
- 공시가격은 제3의 기관을 통해 검증
- 지방자치단체에 '과세국'을 신설해 현장 밀착형 공시가격조사 시스템 구축
- 과세국의 인력 구성
  50% 이상의 인력을 감정평가사 자격증 소지자로 충원
  현장 조사원: 퇴직한 건축 관련 공무원 또는 관련학과 출신 청년

- 공시가격 검증센터와 실거래가격 검증센터를 설치해 공시가격의 자기 검증을 방지함. 한국부동산원은 공시가격 평가의 부대 업무를 수행함.

<그림 13> 부동산공시가격제도 재설계(안)

출처 : 정수연, 부동산공시가격제도 개선방안, : 공시가격의 정확성과 투명보유세, 2021년 5월26일, 제주특별자치도, 박성민 국회의원 주최, 한국감정평가학회 주관 부동산가격공시제도 개선을 위한 정책토론회, -내집있는 삶, 투명보유세부터 시작하자-, p.65.

111. '토지공개념'에 관한 오해와 위험을 경계[72]

☐ 일각에선 헨리 조지의 이론에 따라 토지공개념을 적용해 부동산 과세를 강화하면 부동산시장의 안정과 소득 불평등을 해소할 수 있다고 주장하나, 이는 헨리 조지 이론의 오해 또는 왜곡에서 비롯됨.

• 헨리 조지는 인간의 노동이 투하되지 않은 미개발 토지로부터 얻는 이익을 죄악시하였으나, 노동과 자본, 그리고 노동이 투하된 토지로부터 얻는 이익은 장려하였음. 황무지를 옥토로 바꾸는 토지개발행위는 부를 창출해 빈곤을 완화하므로 그에 부과하는 세금에 반대함.

• 헨리 조지는 상품가격을 올리는 세금은 소비자에 전가되고 생산을 위축시키므로 반대함. 건물과 지장물에 부과하는 조세도 같은 부작용을 초래함. 따라서 그는 소득세 등 다른 세금은 폐지하고 오직 토지에만 세금을 부과할 것을 내세움.
  - 토지세는 부담이 전가되지 않으므로 봉건제에서 노력 없이 땅을 지닌 귀족 영주와 지주에게 세금을 걷는 대신 농민과 자본가의 세금은 면제하자고 함.

• 헨리 조지와 결이 전혀 다른 토지공개념 주장은 주택시장 안정 효과가 없으며, 과도한 규제는 시장 불안만 부추김. 보유세 등의 증세는 가난한 사람을 더 가난하게 만드는 징벌적 조세에 불과함.

---

[72] 정수연, "토지와 부동산공시가격에 대한 오해", 『누구를 무엇을 위한 부동산정책인가』, 한반도선진화재단, 2021

〈표 34〉 헨리 조지와 조지스트의 주장 비교

	헨리 조지의 주장	조지스트들의 주장
이상(목표)	- 빈곤의 해결	- 토지국유화(세금부과→토지수요 욕구 저하→토지투매→토지국유화)
빈곤의 원인	- 토지(나대지)의 독점	- 토지독점 + 투기세력
기득권 세력	- 순수 나대지 소유자(자경농민이나 건물주는 기득권 세력에서 제외)	- 부동산 부자(자기지주와 자경농민 포함)
과세대상	- 나대지 상태의 토지 - 토지 대한 세금 이외의 모든 세금은 폐지	- 토지 + 건물
토지개발이익	- 정당화	- 죄악시
토지단일세의 전제조건	- 모든 세금(소득세, 소비세, 법인세, 부가가치세 등)의 폐지 - 세금을 벌금으로 인식	- 모든 세금(소득세, 소비세, 법인세, 부가가치세 등)을 부과 - 보유세와 종합부동산세 강화
세금 폐지 없는 토지세 증가의 영향	- 과도한 세금이 빈곤을 심화	- 불평등을 완화 - 세금(보유세, 종합부동산세)을 강화하여 부동산 문제 해결
토지소유상한제 (세분화)	- 토지 소유 세분화에 반대: 소작이 광범위하게 이루어져 노동자의 생활을 더욱 빈곤하게 함	- 토지 소유 세분화에 찬성
주택보유 수에 대한 인식	- 주택 등 건물을 많이 가지고 있는 사회가 부유한 사회	- 주택 등 건물을 많이 가지고 있는 사회는 나쁜 사회
보유세를 강화하는 토지공개념	- 반대 - 과도한 높은 세금에 분노	- 찬성

112. 풍요롭고 더불어 사는 농산어촌 건설

■ 농산어촌 주민의 삶의 질을 향상하고 경쟁력을 강화하여 풍요롭고 더불어 사는 농산어촌을 건설함.

□ 농산어촌 주민 삶의 질 향상을 도모함.

- 농산어촌 주민의 생활 서비스 기준을 재설정하고 이행체계를 구축함. 이를 위해 농산어촌의 교육 여건 개선, 의료서비스 체계 정비, 주거환경 개선사업을 확대함.
- 전 국민이 어울려 사는 농산어촌을 조성하기 위해 읍(면) 소재지에 대한 재생사업과 과소 농산어촌 마을 정비사업을 추진함. 읍(면) 소재지 주택에 대해 1가구 2주택 과세를 면제함.

□ 농산어촌의 경쟁력 강화 대책을 적극적으로 추진함.

- 식량안보 차원에서 농지 이용과 관리 체계를 정비하고 농산어촌의 공동화가 지방소멸로 이어지지 않도록 특단의 대책을 강구함.
- 첨단농업 기반을 구축하여 농업을 고부가가치 수출산업으로 육성함.
  - 농어업·농어촌·식품산업 발전계획을 수립하고 첨단농업을 위한 정보통신(ICT) 기술과 재정 금융을 지원함.
  - 농산어촌을 체험단지로 육성하는 발전계획 수립
- 자연재해로 인한 농산물 피해보상보험 제도를 도입함.

113. 건강하고 안전한 삶을 보장하는 환경 조성

■ 건강한 생활 터전을 조성하고 국토의 품격을 높여 안전하고 행복한 삶이 보장되는 국토환경을 조성함.

☐ 건강 100세를 지향하는 건강한 생활 터전을 조성함.

- 건강 영향평가 제도를 도입하고 미세먼지 없는 환경을 조성함.
  - 누구나 쉽게 접근할 수 있는 양질의 도시생활권 공원과 녹색 도로 회랑 조성
  - 치유의 숲과 모든 도로에 숲 회랑을 만들어 미세먼지 없는 도시 자연공간 조성

☐ 국토의 품격을 높이도록 환경을 보전함.

- 녹색국토 회랑을 구축하고 한반도 통합 생태망을 형성함.
- 생태환경자원 보전체계를 구축함.
- 통합적인 물 관리 체계를 구축하여 안전하고 깨끗한 물 환경을 조성함.

114. 품격있는 향유와 여유로운 국토의 조성

■ 국민과 함께 하는 행복한 국토, 생활과 치유하는 문화 국토, 고부가가치를 창출하는 국토를 조성함.

□ 예술가와 국민이 함께 행복한 예술국토를 만드는 Art Korea를 조성함.

- 예술과 일상을 결합한 문화 횡단 일자리 정책을 추진함.
- 예술가의 고향 지역 정착을 지원함.
- 지역을 살리는 예술을 통해 지역 만들기 사업을 활성화함.

□ 생활 맞춤 생활 치유형 문화복지 국토를 만드는 'Fun Korea'의 기반을 구축함.

- 지역 협력형 문화공동체 사업을 강화하고 모델을 개발하여 생활 맞춤형 서민 문화 복지정책을 추진함.
- 예술을 통한 생활 치유정책을 추진함.
  - 소외계층을 위한 문화 바우처 복지사업을 확대하고 고령층의 문화창조 사업을 추진함.
- 국민행복지수(NHI) 개발 및 국토행복 문화지도(KHCM)를 작성함.
- 관광하기 좋은 연휴 구조를 마련하고, 보편적 사회복지관광을 확대하기 위한 생활 관광(life tourism) 기반을 조성함.

□ 가치 중심의 관광국토체계를 확립함.

- 네트워크형(탈위계, 탈중심, 탈관광) 관광국토 개발체계를 확립하여 정주공간 중심의 관광개발사업을 추진함.
  - (나) 지역관광 발전을 위한 관광클러스터를 육성함.
  - (다) 고부가가치 융복합 관광산업과 미래 창조형 관광산업을 육성함.

□ 품격 있는 고부가가치 국토를 만드는 'Value Korea'를 육성함.

- 역사문화공간을 재생하는 창조 공간 사업을 추진함.
- 문화가 숨 쉬는 길을 만드는 컬처 로드(culture road) 정책을 추진함.
- 산업단지 산업문화유산을 재생하고 다문화 예술 산업단지 사업을 추진함.
- 친환경 생활문화국토를 만드는 '문화 텃밭' 정책을 추진함.

 12대정책

여성 친화적인 양성평등[73]

여성을 약자 혹은 피해자로 간주하는 여성 우대정책과 일부 영역에 적용되는 여성 할당제와 가산점제로 인해 형평성과 남성에 대한 역차별이 이슈로 부상함. 특히 2030 세대 남성은 팍팍해진 일자리 시장에서 취업 애로를 호소하며, 징집 형태의 군 복무에 대해 보상이 제대로 주어지지 않는 현실에 불만을 토로함.

여성의 권익 증진을 위한 페미니즘이 여성 우월주의와 남성 혐오로 흘러가면서 페미니즘 대 반(反)페미니즘의 충돌로 인한 사회적 갈등이 심화하고 있음. 이러한 사회적 갈등은 청년들의 연애, 결혼, 출산 포기로 나타나 사회의 활력이 떨어지고 출산율 저하로 이어짐.

이제 여성 정책이 여성을 피해자 혹은 약자로 간주하는 여성우대 정책을 넘어 양성평등 정책으로 전환될 시점이 되었음. 다만 여성이 물리적으로 약자일 수밖에 없는 성폭력, 가정폭력 등의 문제와 미혼모, 이주여성 등 취약계층에 대해선 지속적인 여성 친화 정책이 불가피함.

---

73) 손숙미, "여성정책의 선진화", 『대한민국 선진화의 길』, 한반도선진화재단, 2020.

115. 여성우대에서 양성평등으로 정책 패러다임 변화

☐ 여성가족부를 '양성평등가족부'로 명칭을 변경하여 존치함.

- 여성가족부 폐지론이 등장한 이유를 분석하여 국민의 기대에 부응한 부처로 기능과 조직을 재편함.
  - 여성가족부(이하 여가부)는 여성의 권익증진과 지위 향상, 건강가정사업 등을 실시하기 위해 출범했으나 최근에는 여가부가 여성과 남성 사이의 갈등을 오히려 조장하고 논란을 부추겨왔음.
  - 위력에 의한 성범죄 등 성폭력 사건에서는 피해 여성을 보호하지 않고 정권의 눈치를 살폈으며 제 목소리를 내지 못한다는 비판이 비등함.
  - 한편 교육이나 취업 등 사회 전반에 걸쳐 여성 권리가 증진되었고 부처마다 양성평등에 관한 일을 하고 있어 여성 정책 전담부서가 따로 필요하지 않음. 예를 들어 여성의 취업이나 경력 단절은 고용노동부가, 아동의 돌봄과 양육은 보건복지부가, 성폭력 등 성범죄는 법무부, 검찰, 경찰에서 담당함.

- 여가부 폐지론이 계속 제기되어 왔지만, 여전히 그 존치 필요성은 있음.
  - 사회 곳곳에는 아직도 보이지 않는 유리천장과 성별 격차가 잔존함. 예를 들어 2021년 WEF(세계경제포럼)에서 발표한 한국의 성별 격차 지수는 156개국중 102위로 하위에 머물고 있음.
  - 여성 관련 업무가 다른 부처로 완전히 넘어가 실이나 국 혹은 과 수준에서 담당하게 되면 우선순위가 낮아져 추진동력이 떨어질 가능성도 있음.

- '양성평등가족부'로 명칭을 변경하는 논거는 '양성평등기본법'임. 국제적으로 통용되는 영문 명칭과 일치시키는 것이 바람직함.
  - 1995년 제정된 '여성발전기본법'이 전부 개정되어 '양성평등기본법'으로 2015년 시행됨. '양성평등기본법'은 여성과 남성의 등등한 권리와 책임, 참여 기회를 보장하며, 출산, 육아 등 자녀 양육에 관해 모성뿐 아니라 부성의 권리를 보장하고, 여성뿐 아니라 남성의 일, 가정 양립을 위한 여건을 마련하는 내용을 담고 있음.
  - 외국에선 '여성'과 '양성평등'이란 단어가 부서 명칭에 많이 쓰이며 일부 국가는 가족이나 노인, 청소년 등의 명칭을 사용함. 한국처럼 여성 정책을 담당하는 장관급 부처가 있는 곳은 독일과 캐나다임.
    독일 : 가정 노인 여성 청소년부. 캐나다 : 여성 성평등부
  - 여성정책을 무임소장관이 다루는 곳은 영국, 이탈리아, 프랑스 등임.
    영국 : 여성평등부장관, 이탈리아 : 기회균등부장관, 프랑스 : 성평등 다양성 기회균등부장관
  - 우리나라는 여가부의 영문 명칭이 'Ministry of Gender Equality and Family'이므로 그에 걸맞게 '양성평등가족부'로 명칭을 바꾸는 한편, 새로운 의제를 개발하고 역할도 재정립함.

116. '엄마 연금'을 도입해 출산과 보육 동기 강화

□ 출산과 보육 동기를 강화하는 효과적인 정책으로 '엄마 연금' 도입을 검토함.

- '엄마 연금'은 출산이나 육아를 위해 헌신한 기간을 직장에서 일 한 기간과 같이 연금 가입 기간으로 인정함. 특히 전업주부의 경우 출퇴근 시간이 따로 없고, 가사노동에 대해 제대로 인정받지 못하는 측면이 있음. '엄마 연금'은 여성이든 남성이든 동등하게 양육에 대한 사회기여도를 인정하는 제도임.
- '엄마 연금'으로 출산과 보육에 대한 동기를 강화하고, 또 아이의 출산과 양육에 대해 노후에 연금 혜택을 받음으로써 노후의 생활 불안을 완화함.
- 현재 전업주부에 대한 국민연금 임의가입제도가 있고 소급적용도 가능하여 2021년 현재 28만 명 정도가 가입하고 있으나 경제적 여유가 없는 전업주부들은 소외되고 있음. '엄마 연금'을 도입해 출산과 양육으로 인정받은 기간의 보험료 일부를 국가가 지원함으로써 전업주부들의 국민연금 가입을 촉진함.

• 출산장려정책은 짧은 시간에 효과가 나지 않는다고 포기할 것이 아니라 조금이라도 출산장려에 도움이 될 수 있는 정책이라면 계속 개발하고 추진해야 함.

- 우리는 제대로 된 일자리 부족과 육아비용의 증가, 일과 가정 양립의 어려움에 더하여 최근에는 극단의 페미니즘까지 등장하면서 출산율이 계속 감소함.
- 2015년 1.239였던 출산율이 2020년 0.84로 떨어져 거의 1/3이 감소

하였음. 코로나 상황을 반영하면 2021년 합계 출산율은 0.7명 수준으로 떨어질 것으로 예상됨. 이는 전시에나 볼 수 있는 수치로 인구감소로 국가소멸로까지 이어질 수 있는 상황인데도 정부는 무기력하게 대응하고 있음.

- '엄마 연금' 도입에 따른 재원 일부는 연금의 구조조정을 통해 조달함.
  - 공무원 연금과 군인연금 등을 비롯한 4대 연금을 개혁해 재원 일부를 마련하고, 2008년 이후 둘째 자녀 이상을 출산한 국민연금 가입자에게 적용하는 국민연금의 '출산크레딧' 제도와 병합함.

- '엄마 연금'을 도입한 독일 사례를 검토해 실효적인 대안을 마련함.
  - 독일은 메르켈 수상이 1992년 이전에 자녀를 출산하고 양육한 여성에게 지급하는 '엄마 연금'을 도입함. 이름은 '엄마 연금'이지만 사실은 아이를 양육한 부모에게 지급하는 부모 연금임.
  - 독일의 경우 1950년대 이후에 태어난 사람 중 다수의 여성이 집에서 아이를 양육하였으나 소득을 축적하지 못했음. 이에 여성의 육아와 가사노동에 대한 사회기여도를 존중하는 의미로 '엄마 연금'을 도입했음.
  - 독일에서는 '엄마 연금'제를 '1992년 이전에 출산한 자'에 소급적용함으로써 '엄마 연금'을 실시한 2014년 첫해 950만 명이 연금을 받았음. 전업주부의 기여를 정부가 인정함으로써 노후의 삶의 질과 만족도가 높아짐. 그동안 가정의 주된 소득원이던 배우자에게 경제적으로 의존하지 않게 됨으로써 부부 사별, 이혼 등으로 인해 빈곤에 빠지는 것을 방지하는 데에도 이바지함.

117. 생활 동반자 신고제 도입

□ 가족 개념이 확장되고 있음. 법적인 혼인과 혈연, 입양으로 맺어진 가족뿐만 아니라 비혼 동거 남녀를 비롯한 다양한 형태의 가족 구성원이 생겨남. '생활 동반자 신고제'는 건강가정기본법에서 배제된 다양한 가족 구성원을 포용함.

- 우리나라에선 동거 남녀의 사실혼 관계가 법적으로 인정받고 있지만, 사실혼으로 인정받는 요건과 절차가 까다로움. 비혼 동거 남녀가 출산해도 법적인 결혼 부부와 같은 복지혜택을 주는 프랑스처럼, 우리도 비혼 동거 남녀에 대해 '생활 동반자 신고제'를 통해 결혼 부부와 동일한 법적 혜택을 주는 제도가 필요함.
  - 우리는 법적인 결혼을 위해서는 제대로 된 일자리와 주거, 양가의 허락 등의 요건을 갖추어야 한다는 보수적인 결혼관 때문에 혼인율이 낮아지고 결혼 연령은 높아지고 있음. 비혼과 만혼이 증가함에 따라 출산율이 점점 저하되고 있음.
  - 혼인율과 출산율의 상관관계가 높지 않은 서구 유럽의 경우 비혼 동거 남녀의 혼외 출산율이 출산의 50% 정도를 차지하고 출산율도 높음. 이에 비해 우리나라는 비혼 출산에 대한 싸늘한 시선과 제도적 미비로 인해 혼외 출산율이 2019년 기준 2.3% 정도에 머물러 있고(통계청 2020), 출산율도 최하위 수준임.
  - 결혼 진입 장벽이 큰 우리는 청년 일자리와 주거 문제 완화 등에 역점을 두는 정책 외에도 진입 장벽이 비교적 낮은 비혼 동거에 대한 인식을 바꾸는 정책이 필요함.

- 여성가족부와 여성정책연구원이 2019년 가족 다양성에 관해 여론조사를 한 결과 성인 67%가 '남녀가 결혼하지 않고 동거하는 것을 수용할 수 있다'라고 답변함. 특히 20대는 89.7%, 30대는 81.0%의 높은 찬성 비율을 보였음. 또 응답자의 63.4%가 '비혼 동거 등 법률혼 이외의 혼인에 대한 차별폐지가 필요하다'라고 응답했음.

외국 사례

- 프랑스의 경우 결혼의 대안 제도인 '팍스'(PACS 시민연대협약)가 있음. '팍스'는 비혼 동거 남녀가 일종의 동거 계약에 따라 배우자의 권리를 인정받는 파트너십 제도임. 동거 남녀가 계약을 맺으면 동거인 간 상속도 가능하고, 혼인한 부부와 마찬가지로 소득세 산정의 혜택과 가족수당, 사회보장급여 같은 보조금 등을 받을 수 있음. 프랑스에서는 결혼 대신 '팍스'를 통해 가족이 되는 경우가 증가함.
- 독일은 2001년 '생활 동반자법'을 제정해 동거 남녀에게 가족의 권리와 부양의무, 채무 연대책임 등을 부여함.
- 일본의 경우 도쿄 시부야 구에서 '파트너십 증명제'를 실시함. 구내에서 동거하는 두 성인을 법률상 혼인에 상응하는 관계로 인정함.

118. 미혼모와 한 부모 가족에 대한 맞춤형 지원

☐ 미혼모나 한부모가족에 대한 차별 및 편견에 대한 인식의 전환과 함께 이들의 원활한 사회생활을 지원함.

• 민법과 가족관계등록법 개정을 통해 출생신고 시 혼외자를 구별하는 차별부터 시정함. 주변의 차가운 시선과 편견으로 인한 심적인 어려움을 덜어주고, 주거와 의료 등 지원을 위한 상담시스템을 구축함.

• 10~30대 미혼모에겐 학업을 계속하면서 경제활동과 아이 양육을 해야 하는 3중고의 현실을 고려하여 교육 유지 수당을 따로 지원하고, 자립이 가능하도록 직업 재활 훈련 등을 맞춤형으로 지원함.

• 미혼모나 한부모가족이 편안하게 아이를 낳아 기를 수 있도록 하려면 혼인 및 동거 여부와 관계없이 출산과 보육을 지원함. 육아휴직 및 가족돌봄 휴직에 한 부모가 양부모보다 차별을 받지 않도록 함.

• 미혼모의 자립을 위해서는 쉼터에 머물 수 있는 기간을 연장함(현행: 최장 2년). 지원 시설에 대한 예산지원을 확대해 퇴소 준비 기간을 부여함.
  - 18세 이하 자녀가 있는 한 부모 가구는 42만 5,046가구(2017년 기준)이며, 미혼모가 2만 2,065명을 차지함. 한 부모 가족의 월평균 근로 및 사업 소득은 전체가구소득의 51%에 불과해(여성가족부 2019) 빈곤과 편견 등으로 인한 영아 유기율과 10대의 유기율이 증가하는 추세임.

    예) 영아 유기율: 41건(2015년) → 168건(2017년)
      이 중 10대의 비율: 18%(2015년) → 26%(2017년)
  - 미혼모의 양육 의지는 높아지고 있으나, 이들은 경제난과 주거난 등에

허덕임. 유기 동기를 조사한 결과 아이를 포기한 이유의 1순위가 경제난
  임. 그 외 단독양육의 어려움(26.1%), 심리적 어려움(24.7%)을 아이를 포기
  한 주요 이유로 각각 꼽았으며, 양육 거부는 2.3%로 낮은 수치를 보임.

- 미혼모가 생활고로 긴급 지원을 받으려 해도 행정절차 상 즉시 지원이 불가능하며, 긴급복지 지원, 양육 수당 등의 지원을 받기 위해서는 출생신고 서류가 필수임. 하지만 미혼모가 출생신고를 하면 아이는 혼외출생으로 등록이 되고, 가족관계증명서에 본인 이름이 남게 됨으로써 출생신고를 기피함.

- '한부모가족지원법' 상, 미혼모 사업을 위한 지역별 거점 기관 한 곳당 지원 예산은 인건비 포함 5천만 원으로 미혼모 지원에 턱없이 부족한 실정임.

    예) ⋯▶ 한 부모에 대한 양육비(2019년): 월 20만 원
    ⋯▶ 청소년 한 부모의 경우 양육비: 25만 원
    ⋯▶ 기초생활수급비와 중복 수령이 불가능하며 지원 금액이 절대 부족함.

- 미혼모와 한부모가족에 대한 편견이 이들의 생활 의욕을 떨어뜨림. 특히 미혼모가 태어난 아이의 출생신고를 하면 혼외 출생자로 구분되어 아버지(또는 어머니) 없는 아이라는 낙인이 찍힘.

- 청소년 미혼모의 경우 아이를 책임지는 엄마로서 보호받고 배려받기보다는 징계대상이 되어 학교에서 퇴학을 당하는 경우도 많아 학업을 이어나가는 것이 불가능함. 성인 미혼모의 경우 27.9%가 임신 이후 직장에서 권고사직을 강요받음.

외국 사례

- 외국의 경우 한 부모의 경제적 취약성 등을 파악, 맞춤형 규정을 별도로 마련함. 육아휴직 등에 대해 양부모와 한 부모가 받는 혜택이 같거나, 격차가 작음.
- 영국은 청소년 미혼모가 학업을 지속하기를 원할 때 교육 유지 수당과 자녀 1인당 주 30만 원의 양육비를 지급함.
- 독일은 미혼모도 부모에게 주어진 육아휴직기간(14개월)을 부여함.

119. '육아휴직 아빠 할당제' 도입

☐ 남성 육아휴직제도를 활성화함.

- '육아휴직 아빠 할당제'를 추진해 남성의 육아휴직 이용의 활성화를 유도함.

- 유급 육아휴직 기간 1년 중에서 90일의 '육아휴직 아빠 할당제'를 통해 남성도 당당하게 양육이나 가족의 일에 참여할 수 있게 유도함.

- 육아휴직을 한 아빠들이 아이들과 함께 모일 수 있는 '라테파파 카페'(가칭) 등 인프라를 구축함. ('라테파파'는 북유럽에서 한 손에 카페라테, 한 손에 유모차를 끌고 다니며 육아하는 아빠를 지칭함.)
  - 그동안은 주로 여성을 중심으로 출산휴가나 육아휴직 일수를 늘리고 수당을 조정하는 정책을 추진했음. 여성에게 과도하게 쏠리는 보육이나 육아 정책은 오히려 여성고용을 꺼리게 하는 요소로 작용함.
  - 남성 육아휴직의 경우 '부부 동시 육아휴직 허용'과 '아빠 육아휴직보너스제' 시행으로 남성 육아휴직 비율이 2019년 21.2%에서 2020년 24.5%로 증가했지만(고용노동부 2021), 공무원이나 교사 등을 제외한 민간 기업에서는 남성의 육아휴직이 아직도 활성화되지 않고 있음.
  - 남성의 육아휴직은 의무사항이 아니고 고용주의 허락을 받게 되어있어 자유롭게 쓸 수 있는 여건이 마련되어있지 않음. 또 우리나라처럼 과도한 경쟁 사회에서 육아휴직 후 받게 될 인사 불이익 등에 대한 불안과 함께 가부장적 풍조 때문에 남성이 선뜻 육아휴직을 신청하기 어려움.

외국 사례

- 스웨덴에선 부모 공동으로 유급 육아 휴가가 480일 주어지며, 부모 간 양도가 불가능한 90일이 엄마와 아빠 모두에게 의무 할당됨.
- 노르웨이는 1993년 10주간의 육아휴직 '아빠 할당제(Daddy Quota)'를 실시하였으며 그 이후 남성의 육아휴직 비율이 빠르게 증가하여 2017년부터 97% 이상이 육아휴직을 사용함.
- 일본도 남성에 대한 육아휴직 의무화와 법제화(2019.6)로 별도 신청 없이 남성 육아휴직이 가능함.